ammann

Marcel Reich-Ranicki

Martin Walser

Aufsätze

Mit Fotografien von
Isolde Ohlbaum

Ammann Verlag

1. Auflage
© 1994 by Ammann Verlag & Co., Zürich
Alle Rechte vorbehalten
© der Fotografien: Isolde Ohlbaum, München
Umschlaggestaltung: Nina Rothfos, unter
Verwendung einer Fotografie von Isolde Ohlbaum
Satz: Jung Satzcentrum GmbH, Lahnau
Druck: Offizin Andersen Nexö, Leipzig
ISBN 3-250-10223-7

Für Elisabeth Borchers

»Der Roman, woran ich weiter und weiter schreibe, bleibt immer derselbe und dürfte als ein mannigfaltig zerschnittenes oder zertrenntes Ich-Buch bezeichnet werden können.«

Robert Walser

INHALT

DER WACKERE PROVOKATEUR

Wenn heute das Gespräch auf Martin Walser kommt, wird das Buch, mit dem er 1955 seine literarische Laufbahn begann, der Prosaband *Ein Flugzeug über dem Haus und andere Geschichten*[1], meist mit einem raschen Hinweis auf Kafka abgetan. Walser, der 1927 geboren wurde und 1951 über Formprobleme im Werk Franz Kafkas promoviert hatte, habe in diesen ersten Prosastücken, heißt es, noch ganz im Banne seines bewunderten Meisters gestanden. Die Erzählungen seien nicht mehr als Stilübungen eines Anfängers.

Auf die Schule Kafkas wurde sogar im Klappentext hingewiesen; übrigens hielt es der Verlag damals kurioserweise für notwendig, die Tatsache dieser Publikation vor den Lesern zu rechtfertigen: Er betonte, er habe die Geschichten Walsers publiziert, um dem jungen Mann »Mut zu seiner Eigenart zu geben«. Mithin scheint der Erstling seine Veröffentlichung vornehmlich karitativ-didaktischen Regungen verdankt zu haben.

Die Kritiker der späteren Bücher Walsers haben sich um seine frühe Prosa nicht mehr gekümmert. Der Name Kafka wurde in den Rezensionen von den Namen anderer Meister abgelöst, denen Walser angeblich nacheifere. Fast ergibt sich der Eindruck, er habe eine radikale Metamorphose durchgemacht: Im Laufe weniger Jahre sei aus dem zarten poetischen Kafka-Jünger der wuchtig-grimmige *Halbzeit*-Chronist geworden. Sollten das tatsächlich zwei verschiedene Gestalten sein, die so gut wie nichts mehr miteinander gemein haben? Zeugt also der inzwischen schon vergessene Erstling lediglich von längst überwundenen Ausgangspositionen Walsers?

Die Geschichten des Bandes *Ein Flugzeug über dem Haus* sind Versuche, das Schicksal der Menschen in unserer Zeit in Gleichnissen sichtbar zu machen. Über die Charaktere ihrer Helden erfahren wir wenig oder nichts. Was sie waren und sind, was sie fühlen und denken, scheint dem Autor gleichgültig oder nebensächlich. Auf ihre Handlungen kommt es an, auf die Situationen, in die sie geraten, und auf das, was mit ihnen letztlich geschieht. Meist sehen sie sich einer Welt ausgeliefert, die sie als fremd oder feindlich empfinden und in der sie von einer allmächtigen Instanz bedroht werden, der sie schließlich zum Opfer fallen. Einmal ist es die »allerhöchste Geschäftsleitung«, in der anderen Geschichte ein unerbittlicher Amtsarzt, in einer dritten das Wohnungsamt.

Gewiß, vieles in dieser Prosa muß auf den Einfluß Kafkas zurückgeführt werden – so die konsequente Parabolik, so auch die Konzeption der Gestalten, die im Grunde nur Demonstrationsobjekte sind und sein sollen. Aus Kafkas Schule stammt vor allem die Konstellation in den meisten dieser Erzählungen, die darauf hinausläuft, daß der Held mit einer anonymen Instanz konfrontiert wird, der man nicht entrinnen kann. Statt jedoch nach Einflüssen und Vorbildern zu forschen, scheint es wichtiger, auf jene Motive in Walsers Erstling hinzuweisen, die seine weitere Entwicklung ankündigen. Denn an solchen Motiven fehlt es nicht.

In der Geschichte *Die Klagen über meine Methoden häufen sich* heißt es:»Fast für alle Berufe, wenn man sie näher betrachtet, braucht man diesen Mut eines Mannes, der in die Schalterhalle eindringt, alle mit einer geladenen oder noch öfters ungeladenen Pistole im Bann hält, bis er hat, was er will, der dann noch lächelt und rückwärts gehend plötzlich verschwindet.«

Der Ich-Erzähler der Geschichte hält es daher für richtig, den denkbar bescheidensten Beruf zu wählen. Er wird Pförtner einer Spielzeugfabrik, versieht seinen Dienst so gewissenhaft wie möglich, verliert aber dennoch bald den Posten und kommt zum Ergebnis:»Da hatte ich mich die ganze Zeit ein bißchen geschämt, weil ich bloß Pförtner geworden war. Jetzt sah ich ein, daß man sogar dazu den Mut eines Sparkassenräubers braucht.«

Versuchte der Held dieser Geschichte, auf seine Weise dem Anspruch des Lebens gerecht zu werden, so versucht der Ich-Erzähler des *Gefahrenvollen Aufenthalts*, eines anderen Prosastückes desselben Bandes, nur eins: nichts zu tun. Er legt sich angezogen auf sein Bett:»Meine Arme fielen ausgestreckt links und rechts neben mich hin und blieben liegen. Seit diesem Augenblick habe ich auch nicht mehr die geringste Bewegung vollbracht.« Er verharrt in absoluter Passivität, lediglich besorgt, jemand würde seinen »großen Versuch«, dieses »so unendliche Unternehmen«, zerstören. In der Tat duldet die Umwelt sein »stilles Daliegen« nicht.

Die beiden Geschichten ergänzen sich, sind eigentlich Variationen desselben Themas. Beide Helden versuchen zu existieren, ohne ihre Eigenart einzubüßen. Der eine stellt sich seiner Umwelt, der andere will sich ihr entziehen. Das Ergebnis ist dasselbe: Beide scheitern, jedoch nicht etwa an der eigenen Unzulänglichkeit, sondern an der bestehenden Weltordnung. Die anonymen Instanzen sind lediglich die Vollzugsorgane dieser Ordnung, die als sinnlos und absurd angeklagt wird.

Walsers frühe Geschichten sind also zeitkritische Diagnosen und Proteste gegen einen Zustand, der das Individuum an seiner Entfaltung hindert, es verkümmern läßt und zugrunde richtet. Dies gilt aber ebenso für Walsers spätere Prosa. Wenn auch mit anderen Mitteln, so demonstriert er doch immer wieder an den Schicksalen verschiedener Gestalten die Absurdität eines Daseins, in dem der Mut eines Sparkassenräubers eigentlich für jeden Beruf unentbehrlich wird. Und er tut dies in dem Bewußtsein der eigenen Ohnmacht.

Der engagierte Schriftsteller von gestern konnte noch glauben, er sei imstande, etwas unmittelbar zu verändern. Der engagierte Schriftsteller von heute macht sich derartige Illusionen nicht mehr. Der letzte Satz des Bandes *Ein Flugzeug über dem Haus* lautet: »Ich kann das nicht ändern.« Derselbe Satz könnte auch als Motto der *Ehen in Philippsburg*[2] und der *Halbzeit*[3] dienen. Der Autor dieser Bücher hält es für seine Pflicht zu sagen, was er hier und heute sieht – *obwohl* er nicht die Macht hat, es zu ändern, und *weil* er diese Macht nicht hat.

Der Erstling läßt jedoch nicht nur die Position Walsers erkennen, sondern nimmt auch die wesentlichen Probleme und die thematischen Motive seiner Prosa vorweg. Der Druck des Kollektivs auf das Leben des Individuums wird in der Geschichte *Ich suche eine Frau* behandelt. Erscheinungen und Folgen des Kulturbetriebs zeigen *Die letzte Matinee* und *Was wären wir ohne Belmonte*. Das Motiv der Entfremdung und der Vereinsamung steht im Vordergrund der Geschichten *Templones Ende* und *Der Umzug*. Auch die Sexualproblematik, der Walser später viel Raum widmen wird, taucht bereits hier auf – in dem Titelstück, einem Gleichnis vom Gegensatz und Kampf der Geschlechter.

Die Helden der meisten dieser Geschichten sind die kleinen Leute – ein Mechaniker, ein Portier, ein Angestellter. Der kleine Mann, der womöglich noch aus einer Kleinstadt kommt, wird Walsers Held bleiben. Und oft bestimmt gerade er den Blickwinkel.

In der Geschichte *Der Umzug* erbt ein Mechaniker, der in einer ärmlichen Straße lebt, eine Wohnung im vornehmsten Viertel der Stadt. Er zieht dorthin, sieht mit Entsetzen ein ihm gänzlich fremdes und unverständliches Milieu und kehrt schleunigst wieder zurück – um der »endgültigen Versteinerung« zu entgehen. Hier ist Walsers Lieblingsperspektive angedeutet: die große Welt aus der Sicht des kleinen Mannes; wobei man freilich beide Eigenschaftsworte – groß und klein – mit ironischen Anführungsstrichen versehen muß.

Zwei Jahre nach dem *Flugzeug über dem Haus* folgt das Buch *Ehen in Philippsburg*. Die Problematik, die grundsätzliche Haltung und die Zielsetzung haben sich nicht geändert, wohl aber die Mittel. Was die Geschichten des Erstlings in abstrakten Räumen exemplifizierten oder zu exemplifizieren versuchten, wird nunmehr in einer konkreten Welt gezeigt. In der Geschichte *Die letzte Matinee* hieß es: »Die Realität macht Seitensprünge«, woran der Autor in Klammern die Bemerkung anknüpfte: »Als wäre die Realität das, was wir dafür halten.« Es ist jedoch leichter, die Realität anzuzweifeln, als sie darzustellen.

Ein westdeutscher Erzähler, der in den fünfziger Jahren mit Gleichnissen experimentierte und überdies reale Elemente mit irrealen zu verquicken suchte, konnte hoffen, ihm werde der immerhin ehrenvolle Vorwurf der Kafka-Hörigkeit gemacht werden. Wie aber, wenn er die Wirklichkeit unmittelbar darstellen wollte? Er lief Gefahr, als biederer Realist, als jämmerlicher Nachzügler des 19. Jahrhunderts und als bedauernswerter Schüler Balzacs beschimpft zu werden. In der Tat, in mehreren Rezensionen der *Ehen in Philippsburg* tauchte der Name Balzac auf – und nicht ganz zu Unrecht.

Auch konnten einem solchen Autor, wenn er Zeitfragen unmißverständlich behandelte, gesellschaftskritische Tendenzen nachgesagt werden, was wohl 1957 einer besonders ehrenrührigen Verunglimpfung gleichkam, denn Martin Walser glaubte, öffentlich beteuern zu müssen – in einer Ansprache, mit der er für den ihm verliehenen Hermann-Hesse-Preis dankte –, es sei keineswegs seine Absicht gewesen, einen gesellschaftskritischen Roman zu schreiben, vielmehr sei das Buch »gewissermaßen von selbst dazu geworden«.[4]

Gleichviel, absichtlich oder aus Versehen – es ist unzweifelhaft gesellschaftskritische Prosa und überdies realistische, die wir in Walsers zweitem Buch finden. Ein Roman allerdings ist es nicht: Die vier Teile der *Ehen in Philipps-*

burg spielen zwar im selben Milieu, und auch der Wir-
kungsbereich mancher Gestalten ist nicht nur auf einen
dieser Teile beschränkt. Es handelt sich jedoch um vier in
sich abgeschlossene, gänzlich selbständige Erzählungen,
die wohl nur aus kommerziellen Gründen mit der Bezeich-
nung »Roman« versehen wurden.

Im ersten und weitaus längsten Teil, schlicht *Bekannt-
schaften* betitelt, greift Walser zu einem hundertfach be-
währten Schema, das immer dann gute Dienste leistet,
wenn es darum geht, das Sittenbild einer bürgerlichen Gesellschaft zu entwerfen. Ein junger Man, in der Regel Journalist oder Künstler, jedenfalls unerfahren und schüchtern
– unsympathisch oder etwa eine Schlafmütze ist er nicht –,
kommt aus der Provinz in die Metropole. Eine Dame
nimmt sich seiner an – und zwar stets die Frau oder die
Tochter eines in der dargestellten Gesellschaft machtvol-
len Mannes, meist eine nicht eben attraktive, hingegen
mannstolle Person. Ihr verdankt der linkische Provinzler
Einladungen zu Empfängen, die ihm vollends die Verdor-
benheit des Milieus bewußt machen. Ernüchtert und ent-
täuscht verzichtet der Held auf seine Ideale – falls solche
überhaupt vorhanden waren. Schließlich verschafft ihm
die gütige Dame noch eine Stellung; und er macht rasch
Karriere.

Dieser Vorlage, die bei den Franzosen von Balzac bis
Maupassant sehr beliebt war und die in der deutschen Li-
teratur besonders deutlich etwa in Heinrich Manns Roman
Im Schlaraffenland auftaucht, bleibt Walser treu. Alle Mo-
tive, die zum Schema gehören, treffen wir hier wieder: Der
Held, ein Journalist, erinnert sich oft an seine ärmliche

Kindheit; ihm fehlt die für Empfänge notwendige Kleidung; kaum hat er zu arbeiten begonnen, da erfährt er gleich, daß er nicht das schreiben soll, was er meint, sondern was der Chef befiehlt; er versucht, einem bedürftigen Schriftsteller zu helfen, der zu Konzessionen nicht bereit ist und daher verhungert – und so weiter.

Auch ist die Anklage, die gegen die vornehme Gesellschaft im bundesrepublikanischen Philippsburg erhoben wird, nicht unbedingt originell. Den Industriellen und Managern, Künstlern, Intendanten und Presseleuten, Ärzten und Rechtsanwälten im Land, wo »die Tüchtigen wachsen wie Unkraut«, wird Karrieresucht, Bestechlichkeit und Heuchelei vorgeworfen, Eitelkeit, Snobismus und Beschränktheit. Was Walser im großen und ganzen über dieses Milieu zu sagen hat, wurde von Friedrich Luft knapp und effektvoll formuliert: »Sie spielen Gesellschaft – aber sie sind keine; sie stellen Moral – aber sie haben keine; sie führen Ehen – aber sie wissen gar nicht, was das ist; sie gebärden sich wie Welteroberer – aber im Grunde sind sie feige, sind sie von einer neuen, von einer womöglich noch kümmerlicheren Kleinbürgerlichkeit. Mit dieser Klasse Mensch … ist kein Staat zu machen, obgleich gerade sie den Staat – oder doch zumindest hier den Stadtstaat darstellen.«[5]

Mögen die Einsichten, die das Buch vermittelt, nicht gerade neuartig sein – viele Abschnitte, zumal der ersten Erzählung, muten keineswegs banal an. Der Wein, mit dem Walser den alten Schlauch gefüllt hat, schmeckt nicht übel. Getragen wird diese Prosa nicht von den Erkenntnissen und Ansichten, von den Geschehnissen und Handlungen, den Situationen und Gestalten. Vielmehr lebt sie von der minuziösen Beobachtung, von der stilistischen Biegsamkeit und Präzision, von der psychologischen Finesse, die übrigens meist in der Fixierung partieller Erscheinungen zutage tritt.

Freilich haftet dem ganzen Buch, zumal den Gestalten, etwas Widerspruchsvolles an. Wie in den Parabeln sind es Modellfiguren, die Walser jedoch mit vielen individuellen Zügen versehen hat, wobei er bisweilen konträre Merkmale unbekümmert für ein und dasselbe Porträt verwandte. Im Ergebnis sind die auftretenden Personen alles in allem Demonstrationsobjekte geblieben. Aber einzelne psychologische Wahrnehmungen, die auf beachtliche Menschenkenntnis schließen lassen – und auch Beobachtungen verschiedener Phänomene des dargestellten Milieus – verdeutlichen die Problematik weit überzeugender als die Aktionen und Konstellationen.

So sind die Knalleffekte, mit denen die zweite und die dritte Erzählung abgeschlossen werden – einmal ein Selbstmord, einmal ein Autounfall –, unerträglich; naiv und sentimental ist das Motiv des armen Poeten in der Dachkammer; jene exklusive Nachtbar, die den derben Männern von der Müllabfuhr zum Opfer fällt, kann man beim besten Willen nicht ernst nehmen. Aber der Hintergrund, das epische Fundament setzt sich in diesen Erzählungen immer aus vielen, mitunter sogar isoliert dastehenden Einzelheiten zusammen, deren Stimmigkeit über die Wahrhaftigkeit des ganzen Buches entscheidet.

Und obwohl die wichtigeren Vorwürfe, die Walser erhebt, auch auf die Hautevolee anderer Länder und frühe-

rer Epochen zutreffen, lassen die detaillierten Beobachtungen, die die epische Motivation seines gesellschaftskritischen Plädoyers ergeben, keine Zweifel aufkommen, daß
es sich tatsächlich um die fünfziger Jahre handelt und daß
Philippsburg in der Bundesrepublik liegt. Nachdem also
Walser die Experimentierstube verlassen hatte, in der
seine kahlen Parabeln entstanden waren, wurde es klar,
daß die stärksten Seiten seiner Begabung das psychologische Detail und die realistische Kleinmalerei sind.

Waren die *Ehen in Philippsburg* eine Fortsetzung der ersten Geschichten mit anderen Mitteln und auf anderer
Ebene, so beweist Walsers nächstes Buch in noch stärkerem Maße die Kontinuität seiner Entwicklung. Eigentlich
spielt ja die *Halbzeit* (1960) auch in Philippsburg, obwohl
der Ort nicht genannt wird. Es wiederholen sich manche
Gestalten, mitunter tragen sie dieselben Namen. Aber es
sind doch andere Menschen: Auf den ersten Blick scheinen
sie älter und zynischer geworden zu sein. Wir haben es mit
den Trägern und Nutznießern der stabilisierten und als
selbstverständlich hingenommenen Prosperität zu tun.

Vor allem hat sich der Blickwinkel gewandelt. In den
Ehen in Philippsburg hieß es über den Helden des ersten
Teils: »Er kniete am Schlüsselloch zu allen Türen, und
wenn kein Schlüssel steckte, war es für ihn schon ein
Triumph.« Diese Schlüsselloch-Perspektive des Neuankömmlings und Außenseiters war nicht nur für den Helden bezeichnend, sondern zuweilen auch für den Autor der
Ehen in Philippsburg.

In der *Halbzeit* wird dasselbe westdeutsche Wohlstandsmilieu aus der Sicht eines Menschen gezeigt, der ebenfalls aus bescheidensten Verhältnissen stammt, aber in diesem Milieu längst Fuß gefaßt hat. Der Handelsvertreter Anselm Kristlein, der Ich-Erzähler des Buches, ist der arrivierte kleine Mann, der sich schon gesellschaftlich emanzipiert hat, doch der Welt, in der er steckt, noch mit Staunen und Distanz begegnen kann.

Warum hat nun Walser einen Handelsvertreter in den Mittelpunkt gestellt? Soll der Mann des Konsums ein Protagonist unserer Epoche sein? Nicht nur das hat Walser im Sinn. »Es gibt keinen Beruf« – sagt er –, »der einem Menschen das Gefühl der eigenen Überflüssigkeit so aufdringlich klarmachen könnte wie der des Vertreters. Das hat mir diesen Beruf sympathisch gemacht, er erinnerte mich eigentlich fast an den des Schriftstellers.«[6]

Daß diese Affinität keineswegs allein aus dem Gefühl der eigenen Überflüssigkeit resultiert, wird zwar von Walser nicht gesagt, liegt aber auf der Hand. Der Vertreter wie der Schriftsteller – jedenfalls derjenige Typ des Schriftstellers, dem auch Walser zugerechnet werden darf – möchten mit dem Wort den Menschen zu bestimmten Handlungen bewegen. Sein Kristlein, ein ehemaliger Philosophiestudent, avanciert im Laufe des Romans zum Werbefachmann eines großen Konzerns, ergreift also einen nahezu literarischen Beruf. Er ist im Grunde ein verkappter Schriftsteller. Gegen Ende des Buches bekennt er: »Ich bin Don Quichote, nachdem er gelesen hat, was Cervantes über ihn schrieb.« Oder aber: Kristlein ist ein Handelsvertreter, der Proust, Joyce und die *Ehen in Philippsburg* gelesen hat.

Was Walser diesen vorgeschobenen Ich-Erzähler über

sich und seine Arbeit, seine Familie, seine Freunde und seine Freundinnen sagen läßt, ergibt eine sehr eigentümliche Vision des Lebens in der Bundesrepublik. Das ganze Buch könnte den Titel des Schlußkapitels der *Halbzeit* tragen – er lautet: *Befund.* Walser will nicht interpretieren und erklären, sondern lediglich fixieren, registrieren. Er will Symptome nicht deuten, sondern zunächst einmal bewußt machen. Nicht die Synthese ist seine Sache, sondern die Chronik. Nicht um Symbole, Chiffren und Konzentrate geht es ihm, sondern um eine epische Bestandsaufnahme.

Seine Methode ist der Mikroskopismus. Man stelle sich eine riesige Wand vor, beklebt mit Hunderten von Nahaufnahmen und Mikrofotografien. Das ist die *Halbzeit.* Eine solche Wand muß, will man sie als Ganzes betrachten, unübersichtlich, verwirrend, chaotisch wirken. Aber viele der einzelnen Aufnahmen sind meisterhaft. Mit einiger Übertreibung läßt sich sagen: In der *Halbzeit* gibt es kaum Handlungen und Gestalten, Episoden und Situationen. In diesem Buch gibt es nur eins: Nuancen. Es ist ein Mammutroman aus Winzigkeiten, ein gigantischer Mikrokosmos.

Walser ist ein ungewöhnlich scharfsinniger, aber zugleich kurzsichtiger Beobachter. Das soll heißen: Er muß an die Gegenstände, die er betrachten will, ganz nah herantreten. Dann sieht er Phänomene und Details, die bisher unbemerkt geblieben sind. Indes verliert er die Übersicht. Und der Leser verliert sie ebenfalls. Dieser Blickwinkel hat seine Vorzüge und seine Nachteile, man mag ihn akzeptieren oder ablehnen, es ist jedoch unmöglich, Walsers Roman aus einer anderen Perspektive zu betrachten. Friedrich Sieburg hat es versucht und hat sich in seiner

Not, wie er ironisch mitteilte, »Schaubilder, Schemata und Tabellen«, »Notizen, Hilfszeichnungen und Vergleichslisten«[7] angefertigt. Seine wohlwollenden Bemühungen waren vergeblich: Sieburg scheiterte. Denn mit Walser geht es dem Leser wie mit Uwe Johnson. Man muß sich zu ihrer Sicht bequemen, sich ihre eigentümlichen Brillen aufzwingen lassen – oder aber auf die Lektüre verzichten.

Immer wieder zeigt Walser die Eigenheiten der Menschen, ihr Verhalten und vor allem ihre Ausdrucksweise, ihre Gewohnheiten, Grillen und Ticks, ihr Benehmen in verschiedenen Situationen. Ein Beispiel wenigstens soll hier angeführt werden: »Als er die schwere Eichentür aufstemmte und Susanne ins dämmrige Lokal bugsierte, zogen die Herren im Lokal automatisch ihre Köpfe aus den Lichtkreisen zurück, bis sie in Anselm einen Unbekannten erkannten. So schmelzen Schnecken, wenn Gefahr naht, in ihre Häuschen zurück mit einer fließenden, keinen Schrecken, keine Panik verratenden, wie immer schon beabsichtigten Bewegung.«

Was sich schon in den *Ehen von Philippsburg* bemerkbar gemacht hatte, wird hier besonders deutlich: Nicht für Charaktere, für einzelne Charakterzüge hat Walser einen vortrefflichen Blick. Seine Nahaufnahmen halten verschiedene kleine Ausschnitte fest. Aber die Aneinanderreihung dieser Aufnahmen ergibt keine Porträts. Walser ist wohl der erste deutsche Epiker, der das Kunststück vollbracht hat, keine einzige einigermaßen lebendige und greifbare Gestalt zu schaffen – und doch zu zeigen, daß er zu den Meistern der Psychologie gehört. Die *Halbzeit* ist eine menschliche Komödie ohne Menschen.

Mit der Methode und Perspektive Walsers, dieses Fana-
tikers der Mikroanalyse, steht im engsten Zusammenhang
die Frage des Umfangs der *Halbzeit*, wobei es sich nicht
nur um ein handwerkliches Problem handelt. Das Buch
umfaßt neunhundert Seiten. Hierzu sagt Martin Walser:
»Mein Roman *Halbzeit* ist so unhöflich dick geworden,
weil ich der Ansicht bin, es gibt keine Nebenpersonen auf
der Welt ... Ein Roman, der die Falten unserer Gesichter
aufblättern möchte ..., der erzählen möchte, daß wir keine
besonders ruchlose Gesellschaft sind, daß wir zwischen
Grausamkeit und Gleichgültigkeit, zwischen Liebe und
Sehnsucht hin und her pendeln wie das zur Spezies seit eh
und je gehört, ein solcher Roman kann schwer aufhören ...,
einfach weil jeder, der einem auf dem Trottoir begegnet, so
viele Gesichter hat, von denen man, schon um der Wahrheit willen, möglichst wenige verschweigen darf.«[8]
Hier ist die Konzeption des Buches angedeutet und
ebenfalls seine entscheidende Schwäche. In der *Halbzeit*
heißt es einmal, »Erzählen« sei »soviel wie zugeben, dabei
aber heiter machende Distanz vorschützen«. Gewiß, nur
daß Erzählen – und das ist eine Binsenweisheit – immer
zugleich Auswählen sein muß. Das weiß auch Walser.
Da er aber zeigen wollte, daß es keine Nebenpersonen
gibt, und tatsächlich in seinem Buch jedermann wie eine
Hauptperson behandelt hat, sind im Endergebnis alle
seine Gestalten, insofern man sie überhaupt erkennen
kann, nur Nebenpersonen.

Er wollte beweisen, daß für ihn nichts belanglos sei. Jede
Kleinigkeit kann in der *Halbzeit* eine lange Kette von
Worten, Assoziationen und Reflexionen auslösen, woran

selbstverständlich nichts auszusetzen ist; zugleich kann jede Kleinigkeit auch Gegenstand einer derartigen Wortkette sein. Wenn sich für jeden Vorfall eine sprachliche Entladung lohnt, läßt sich schwer oder überhaupt nicht ausfindig machen, weswegen Walser der einen Frage zehn Zeilen, der anderen hingegen fünfzig Seiten widmet. Es könnte immer auch umgekehrt sein. Wo allem größte Bedeutung beigemessen wird, ist eine gewisse Uniformität in der Beurteilung der Phänomene unvermeidbar. Wichtiges und Unwichtiges steht in einer derartigen epischen Welt gleichberechtigt nebeneinander.

Walsers Erklärung, sein Buch sei um der Wahrheit willen »so unhöflich dick« geworden, muß also auf ein Mißverständnis zurückgeführt werden. Oder will er eine schriftstellerische Not als moralische Tugend ausgeben? Die Wahrheit steckt bei ihm im Detail, aber durch die Aneinanderreihung derartiger Einzelheiten wird noch nicht die Wahrheit der von ihm gebotenen Totalität erreicht. Ja, es ist fragwürdig, ob auf solche Weise überhaupt eine epische Totalität entstehen kann. Dieser Eigentümlichkeit der *Halbzeit*-Konzeption ist sich Walser selber bewußt: »Lassen Sie mich, das ist mir gemäßer, von unten her kommen, vom Detail. Ich sage, wenn jedes Detail den Platz ausfüllt, an dem es steht, d. h. wenn es Sprache geworden ist, dann soll es mir recht sein, es soll da stehenbleiben. Was sich aus der Summe aller Details ergibt, weiß ich nicht. Wahrscheinlich ein Ausschnitt. Diesen Ausschnitt möchte ich aber nicht zu früh beschränken, er soll reichen, soweit die Sprache reicht.«[9] Bei einem Schriftsteller, der Details bietet, ohne zu wissen, was ihre Summe ergibt, kann schwerlich von der Bewältigung erlebter Wirklichkeit die Rede sein. Wie aus der Zusammensetzung von charakterologischen Nahaufnahmen noch nicht psychologische Porträts entstehen, so ergibt die Vervielfältigung von Details noch kein Bild und auch nicht den Ausschnitt eines Bildes. Die Bestandsaufnahme von Symptomen ist noch keine Diagnose. Die Summe von Nuancen darf nicht mit einer epischen Welt verwechselt werden.

Daher muß wohl eine Auseinandersetzung mit der Gegenwart, die sich auf die Mittel eines derartigen Mikroskopismus beschränkt, stets im Vorfeld der behandelten Problematik steckenbleiben. Wie in den *Ehen in Philippsburg* werden auch in der *Halbzeit* die Ursachen der dargestellten Zustände ausgespart, weswegen sich hier und da der Eindruck einer gewissen Oberflächlichkeit nicht vermeiden läßt. Natürlich gehört es nicht zu den Pflichten des Romanciers, diese Ursachen aufzudecken, es ist nicht *seine* Aufgabe, nach ihnen zu forschen. Und doch beunruhigt es ein wenig, daß Walser die Frage nach dem Zusammenhang der Phänomene nicht einmal anschneidet.

Andererseits spricht es für seine schriftstellerische Ehrlichkeit, daß er die Elemente für eine epische Bilanz zwar in verblüffender Fülle bietet, sich aber hütet, diese Bilanz zu ziehen, daß er eben nur mit Symptomen, Nuancen und Details aufwartet. Er verbirgt nicht seine Ratlosigkeit, ja er erhebt sie sogar zum Stilmittel. Nicht nur das Streben nach Wahrheit, auch diese Ratlosigkeit angesichts unserer Umwelt hat somit den ungewöhnlichen Umfang des Buches zur Folge gehabt. Denn Walsers Beredsamkeit scheint nicht zuletzt mit der Mitteilungssucht des Patienten zu tun

zu haben, des Kranken, der an der Zeit leidet. In den Er-
güssen des Anselm Kristlein glaubt man mitunter die Re-
dewut des Verzweifelten zu spüren, der allerdings »heiter
machende Distanz« vorschützt.

Die endlosen Wortkaskaden, die sehr oft auf bewun-
dernswerte akustische Reizbarkeit schließen lassen, sind
zugleich Kabinettstücke der gedanklichen Sensibilität.
Aber Walser geht mit der Sprache verschwenderisch, vielleicht sogar hier und da verantwortungslos um. Anselm
Kristlein ist der geschwätzigste Held der Gegenwartsliteratur. Hans Magnus Enzensberger hat schon recht, wenn er
in seinem Essay über Walser sagt: »Alles muß von neuem
ergriffen werden. Jedes Steinchen wird um- und hin- und
hergewendet bei diesem Prozeß. Die Sprache wird bis in
ihre letzten Reserven aufgeboten.« Enzensberger fügt jedoch hinzu: »Der Erzähler ist der Zauberlehrling; er ruft
ihr, und sie deckt ihn zu mit Wörtern.«[10]

Das ist gewiß nicht schmeichelhaft. Denn nicht mit dem
Meister, dem die Geister und Elemente gehorchen, wird
hier Walser verglichen, sondern mit jenem Lehrling, der
zwar die Geister ruft, sie aber nicht zu beherrschen vermag.
In der Tat, bisweilen hat man den Eindruck, daß nicht die
Sprache Walser als Instrument dient, sondern daß er lediglich ein Medium der Sprache ist. Die Befürchtung, sein In-
tellekt könnte in diesen Wortfluten ertrinken, läßt sich
nicht von der Hand weisen.

Enzensberger berichtet auch von einer gelegentlichen li-
terarisch-schauspielerischen Darbietung Walsers, der eine
Gesellschaft unterhielt, indem er vorführte, wie er von
einem Teppichhändler zum Kauf einer wertlosen Brücke

überredet wurde: »Er arbeitete mit äußerster Konzentration, das Publikum hatte er vergessen. Er sprach fließend, ohne innezuhalten, eher in Gefahr, von der Menge seiner Einfälle, der Flut unentbehrlicher Details überwältigt zu werden, als in der des Stockens ... Es war ein absolut sendereifes Hörspiel, was er lieferte, getragen von einer hemmungslosen Erinnerungs- und Erfindungskraft, vorgebracht mit der Artistik eines erstklassigen Jongleurs, von einem riskanten Humor, der ein Looping nach dem andern schlug ...«[11]

Nur von einem Auftritt Walsers spricht Enzensberger, dennoch trifft jeder Satz seiner Darstellung zugleich auf die *Halbzeit* zu. Tatsächlich gesellt sich in diesem Buch zu der »Artistik eines erstklassigen Jongleurs« auch jener »riskante Humor«. Es wird von einer ungewöhnlichen »Erinnerungs- und Erfindungskraft« getragen, die aber oft »hemmungslos« ist. Die Menge der Einfälle und die Flut der Details sind in der Tat verblüffend und imponierend – nur ist Walser eben in Gefahr, von ihnen überwältigt zu werden. Und schließlich: Wie in jenem geschilderten Soloauftritt arbeitet er auch in der *Halbzeit* mit äußerster Konzentration – und vergißt dabei das Publikum.

Dies alles hat bewirkt, daß wir es mit einem wuchernden Gewächs zu tun haben, mit einer programmatisch uferlosen Prosa, die ein derartiges Programm nicht ohne Konsequenz verwirklicht. Der Autor hielt es für möglich, die *Halbzeit* von ursprünglich rund 1100 Seiten für die gedruckte Fassung um 200 Seiten zu kürzen und später, für fremdsprachige Ausgaben, noch einmal 200 Seiten zu streichen. Das muß nicht von seiner Unentschlossenheit zeugen. Vielmehr ist es die Konzeption des Buches, die solche Maßnahmen verständlich erscheinen läßt. Denn die *Halbzeit* ist letztlich ein strukturloses Gebilde, eine amorphe epische Masse; hier sollte wohl die Formlosigkeit zum Formprinzip erhoben werden.

Von einem abgeschlossenen Kunstwerk kann also nicht die Rede sein. Wahrscheinlich wäre es richtiger, von faszinierendem Material zu einem Roman zu sprechen oder gar von einem gewaltigen Übungsstück. Somit kann man Günter Blöcker, der kurzerhand erklärte, dies sei ein mißlungenes Buch[12], voll beipflichten. Aber vielleicht hat noch nie ein so schlechtes Buch eine so große Begabung bewiesen.

Bitter sind die Bücher Martin Walsers. Er zeigt, daß heutzutage eigentlich zu jedem Beruf der Mut eines Sparkassenräubers nötig ist. Ihm wurde vorgeworfen, er sei immer übelgelaunt und verärgert, ihm mißfalle alles. In der *Halbzeit* heißt es einmal, Liebe sei ein Fremdwort geworden. Nur vom Sex wird in diesem Buch gesprochen, nie von der Liebe – sie ist bestenfalls als Kristleins Erinnerung an eine Begegnung in seiner Jugendzeit denkbar. Alles scheint hier maßlos zynisch – und doch wäre nichts unsinniger, als Walser des Zynismus zu verdächtigen.

Betört von der Fülle der Welt, ist dieser Schriftsteller – ähnlich wie Wolfgang Koeppen – im Grunde ein Apologet des Daseins, der sich als Skeptiker tarnt. Seine Verdrossenheit entspringt der Lebensbejahung, hinter seiner Verbitterung verbirgt sich die gedämpfte Hoffnung. Ein Provokateur, gewiß, doch ein schmunzelnder, ein häuslicher Provokateur, ein herzlicher Spötter, ein jovialer Aggressor, ein warmherziger Ironiker, ein wackerer und beredter, doch kein lauter Ankläger, nicht ein unerbittlicher, sondern ein mild-nachsichtiger Moralist. Seine bevorzugte Tonart ist der menschenfreundliche Sarkasmus. Als Martin Walser 1957 den Hermann-Hesse-Preis erhielt, bekannte er: »Schließlich müssen einem beim Schreiben alle Figuren sympathisch sein, auch die, die der Leser dann zu den unsympathischen rechnet. Und da ist immer so etwas wie Liebe im Spiel ...«[13]

1963

EIN EHRENVOLLER RÜCKZUG

Erbärmlich der Künstler, der nie gescheitert ist. Denn nur dem kann es gelingen, nie die Latte abzureißen, der nie einen hohen Sprung wagt. Aber der Umstand allein, daß die Latte abgerissen wurde, beweist noch nichts – am wenigsten, daß jemand einen tatsächlich hohen Sprung versucht hat. So spricht auch die Niederlage eines Künstlers zunächst einmal weder gegen noch für ihn: Erst muß geklärt werden, worauf sie zurückzuführen ist.

Worauf also ist es zurückzuführen, daß sich die neuen Bücher von zwei hervorragenden deutschen Schriftstellern der mittleren Generation – Heinrich Böll[1] und Martin Walser[2] – als Fehlschläge erweisen? Die Frage scheint mir höchst wichtig. Nicht nur weil es um Böll und Walser geht, obwohl dies Anlaß genug wäre, sich mit den beiden nicht umfangreichen Veröffentlichungen genauer zu befassen. Aber es handelt sich zugleich um exemplarische Fälle, die uns die Misere der deutschen Prosa von heute mit einer Deutlichkeit vergegenwärtigen, auf die wir gern verzichtet hätten.

Es mag verwundern, daß hier Böll und Walser zusammen genannt werden. Zwar stehen beide seit Jahren im Mittelpunkt des literarischen Lebens, doch auf verschiedenen Ebenen. Der eine verdankt seine Position großen Erfolgen, der andere eher vielbeachteten Mißerfolgen. Der eine kann auf seine Gemeinde stolz sein, der andere auf seine Feinde. Der eine verfügt, obwohl erst 47 Jahre alt, bereits über ein Lebenswerk. Der andere steckt, obwohl schon 37 Jahre alt, immer noch in seiner Frühperiode. Der eine ist ein umstrittener Klassiker geworden, der andere ein klassischer Anfänger. Über Böll sagen die Skeptiker: Man weiß, womit bei ihm bestenfalls zu rechnen ist. Über Walser sagen seine Anhänger: Man kann nie wissen, womit er aufwarten wird.

In der Tat hat sich Walsers Talent in keinem seiner bisherigen Bücher voll entfaltet. Nur Ansätze wurden sichtbar, nur Möglichkeiten kündigten sich an – allerdings so außergewöhnliche, daß manche Beobachter glaubten, gerade er sei berufen, den Roman unserer Tage zu schreiben. Sogar ein Nachschlagewerk[3] hielt es für richtig, diese Hoffnung zu fixieren. Sie hatte ihre guten Gründe. Denn Walser vermochte – vor allem in seinem Hauptwerk *Halbzeit* – miteinander zu vereinigen, was jüngere deutsche Romanciers meist nur getrennt bieten können: Sprachkunst mit Scharfsinn, Intuition mit Erkenntnisvermögen, Temperament mit Erfahrung, ursprüngliches episches Talent mit hoher analytischer Intelligenz.

Indes fällt es schwer, *Halbzeit*, eine menschliche Komödie ohne Menschen, als Roman zu betrachten. Dieser gigantische Mikrokosmos scheint eher die mächtige und imponierende Fingerübung eines Erzählers zu sein, der verschiedene Ausdrucksmittel erproben wollte. Aber auf jeden Fall war *Halbzeit* ein Versprechen. Hat es Walser vorerst nicht eingelöst, weil er sich dem Drama zuwandte? Oder hat er sich vielleicht dem Drama zugewandt, weil er dieses Versprechen vorerst nicht einlösen konnte?

Nach Walsers inzwischen entstandenen Bühnenstücken

wurde rasch, vielleicht allzurasch, befürchtet, wir hätten einen Erzähler verloren, ohne einen Dramatiker zu gewinnen. Dieser Sorge kann uns der Band *Lügengeschichten* nicht entheben.

Der Titel läßt an Münchhauseniaden denken. Man erwartet zumindest Phantasie und kühne Einfälle. Aber ich glaube nicht, daß Phantasie Walsers stärkste Seite ist. Er versagt, wenn er sich um die Darstellung des Ungewöhnlichen bemüht. Und er bewährt sich als Dichter des Durchschnittlichen und Alltäglichen. Wenn er Originalität anstrebt, wirkt er banal. Wenn er der banalen Wirklichkeit gerecht wird, spürt man sofort seine Originalität. Walsers Effekte und Einfälle haben schon in seinen früheren Büchern manche Passage unerträglich gemacht. In den *Lügengeschichten* gibt es solche Einfälle auf jeder Seite, in jedem Absatz.

Der Ich-Erzähler der ersten Geschichte berichtet, er sei »Begleiter eines völlig unbrauchbaren Riesen geworden«, von dem es heißt: »Der gehört doch gar nicht hierher. Eigentlich gehört er in die Musik. Jawohl. Tief in die Musik gehört er. Aber wie ihn dorthin bringen?« Da es dem Ich-Erzähler verständlicherweise nicht gelingt, den Riesen in die Musik zu bringen, möchte er ihn verkaufen. Doch keiner will ihn haben, da er nur weinen kann. Und damit kein Zweifel entsteht, daß jener hilflos weinende Riese die andere Seele in der Brust des Dichters ist, lesen wir: »Ich rede und er weint ... Man steht um uns herum, lacht gebührend und bietet uns Getränke an. Es heißt, wir seien gern gesehen. Zweifellos, komisch sind wir. Aber man fürchtet uns nicht.« Es folgen noch sechs Druckseiten, denen man letztlich nur entnehmen kann, daß Walser große Schwierigkeiten hatte, einen Schluß für diese Geschichte zu finden. Tatsächlich hat er keinen gefunden.

Die nächste Geschichte erzählt von einem Sensationsjournalisten, der »ein Meister des Brutalen« war und sich »mit Hilfe seines biegsamen, aber vergoldeten Wäschedrahts« erhängt hat. In der Geschichte *Mitwirkung bei meinem Ende* tritt ein mysteriöser Mann namens Mozart auf, der Zunge und Nasenspitze gegeneinander kreisen lassen kann. Wahrscheinlich hat die Geschichte einen Sinn, aber ich gebe zu, daß er mir nicht aufgegangen ist.

Einfacher hat man es mit der Geschichte *Bolzer, ein Familienleben*. Ein Arbeiter verprügelt allwöchentlich in Gegenwart vieler Menschen seine schöne Frau: »Wofür er seine Frau bestraft, geht uns einfach nichts an. Wir sind bei Bolzer am Zaun und nicht im Kino.« Am Ende heißt es: »Solange Bolzers einander verprügeln, sind sie gewiß attraktiv.« Eine Pointe ist nicht zu finden. – Die Geschichte *Rohrzucker* enthält die groteske Vision einer Beerdigung: »Melitta grinst und legt ihre älteste Brust auf den Sargrand.« An einer anderen Stelle: »Einer streicht sich mit wendiger Zunge den Rotz unter der Nase weg und in den Mund.« Oder: »Melitta liegt mit einem asthmatischen Feuerwehrmann vor Marmor und isländisch Moos.«

Die nächste Geschichte, in der es um einen Mord geht, war wohl als schwarzer Humor gedacht. Hier die Schilderung eines Bahnhofsplatzes: »Zu allem Unglück erinnerten mich die überall an Hügeln hoch und übereinander getürmten Häuserquader an Babylon, wie es in einem von Hitze, Purpur, Frauen und Innenhöfen erzählenden Roman abgebildet war.« In welcher Stadt mag wohl dieser babylonisch anmutende Bahnhofsplatz zu finden sein? Wohl dem, der es erraten kann. Denn Stuttgart ist gemeint.

Tiefsinn zu Ausverkaufspreisen findet sich in der Geschichte *Ein schöner Sieg*, abermals einer Parabel vom anderen Ich. In der letzten Geschichte stellt eine Firma ihren meuternden Boten für künftige Beratungen den großen Sitzungssaal des Unternehmens zur Verfügung. Um der simplen zeitkritischen Satire einen modischen Anstrich zu geben, werden rasch ein paar surreale Elemente eingeführt. So heißt es etwa:»Lucius war der einzige Bote, dem in all den Jahren weder eine Hand noch ein Auge, ja nicht einmal ein Ohr abhanden gekommen war.«

Genug der Beispiele. Ob pseudopoetisches Märchen oder realistische Zeitkritik oder surrealistische Parabel – es bleibt stets der Eindruck mühseliger Erfindung. Von der psychologischen Finesse, der stilistischen Biegsamkeit, der minuziösen Beobachtung, der Intelligenz der Reflexionen und der realistischen Kleinmalerei, durch die sich *Ehen in Philippsburg* und *Halbzeit* auszeichneten, ist in den *Lügengeschichten* nicht einmal eine Spur vorhanden.

Gewiß, wir haben es diesmal – leider – mit ganz anderer Prosa zu tun. Aber auch der sich aufdrängende Vergleich mit Walsers Erstling aus dem Jahre 1955, dem Geschichtenband *Ein Flugzeug über dem Haus*, fällt entschieden zuungunsten des neuen Buches aus. Mag damals die Abhängigkeit des Autors von Kafka allzu deutlich sichtbar gewesen sein – für die besten Stücke des Bandes war doch jene zwingende Schlüssigkeit der Bilder und Symbole und jene Suggestivkraft der parabolischen Elemente charakteristisch, die man jetzt vermissen muß.

In einem Essay Walsers vom Jahre 1963 findet sich der Satz: »Es handelt sich bei notwendiger Schreiberei immer um Verteidigung.«[4] Einverstanden. Nur daß mir Walsers jetzige Geschichtensammlung nicht Verteidigung, sondern eher Flucht zu sein scheint. Flucht wovor?

1962 schrieb Walser in der *Zeit*: »Ein deutscher Autor hat heute ausschließlich mit Figuren zu handeln, die die Zeit von 33 bis 45 entweder verschweigen oder zum Ausdruck bringen. Die die deutsche Ost-West-Lage verschweigen oder zum Ausdruck bringen. Jeder Satz eines deutschen Autors, der von dieser geschichtlichen Wirklichkeit schweigt, verschweigt etwas.«

Obwohl ich zögere, eine so rigorose These zu unterschreiben, möchte ich doch nicht verhehlen, daß sie mir im hohen Grade sympathisch ist. Und hier kann auch die tiefste Ursache für Walsers Fehlschlag zu finden sein. Er sieht sehr klar, vor welcher Aufgabe er steht. Aber er sieht auch nicht weniger klar die ungewöhnlichen Schwierigkeiten, die die vertrackte deutsche Realität jedem Schriftsteller bereitet, der ihr mit den Mitteln der Kunst beizukommen sucht.

Diesmal hat Walser – bewußt oder unbewußt – das Risiko gescheut: die *Lügengeschichten* versuchen, seine eigene Forderung zu ignorieren. Jeder Satz dieses Buches weicht der Gegenwart aus, jeder verschweigt die von Walser apostrophierte »geschichtliche Wirklichkeit«. Dabei zeigt es sich wieder einmal, daß die Trennung und Gegenüberstellung von dem, was man als Inhalt und als Form zu bezeichnen pflegt, nie ergiebig ist und meist nur verwirrt. Denn der Erzähler, der Künstler Walser hat sich doch nicht korrumpieren lassen. Das Artifizelle und Prätentiöse dieser zäh sich dahinschleppenden Prosa verraten seine Unsicherheit, das Erkalten des Temperaments, die Lustlosigkeit und vielleicht sogar sein schlechtes Gewissen. Und es scheint mir besonders aufschlußreich zu sein, daß er sich hier mit formalen Lösungen zu behelfen sucht, die er schon vor sieben Jahren mit den *Ehen in Philippsburg* glücklich überwunden hatte.

So sind die *Lügengeschichten* im doppelten Sinne ein Buch des Rückzugs geworden, wenn nicht gar der Kapitulation. Nun mag man entscheiden, ob es für oder gegen Martin Walser spricht, daß ihm ein solches Buch nicht gelingen wollte. Es gibt in der Literatur Katastrophen, die – so merkwürdig es klingen mag – auf eine Ehrenrettung des Verfassers hinauslaufen. Mitunter sind halben Niederlagen ganze schon deswegen vorzuziehen, weil sie letztlich – wie in diesem Fall – doch zu größeren Hoffnungen berechtigen.

1964

KEINE WÖRTER FÜR LIEBE

Jedermann weiß, daß Martin Walser außerordentlich viel
kann. Doch kaum etwas will ihm glücken. Einen Miß-
erfolg nach dem anderen muß er hinnehmen. Nur daß ihn
diese Fehlschläge mit der Zeit fast zu einem Erfolgs-
schriftsteller gemacht haben. In der Tat verdankt er sein
Ansehen vor allem seinen Niederlagen: Ob dieser Autor
ganz oder teilweise scheitert – sein Ruhm wächst. Denn er
schreibt mißlungene Bücher und schlechte Stücke, die ihn
gleichwohl als einen der originellsten Schreiber seiner Generation ausweisen. Er ist ein erstaunlicher Künstler und
ein miserabler Handwerker.

Zugegeben: Er tut sich immer schwer und macht es dabei der Kritik oft leicht. Er arbeitet ohne Netz, er geht nie in
Deckung, er bietet unentwegt Angriffsflächen. Wer Martin
Walser besingen oder attackieren will, kann in seinen Arbeiten stets genug finden, womit sich dieses oder jenes Urteil belegen läßt. Da sie von Details leben und sich meist
auch in Details bloßstellen, sind sie auf gefährliche Weise
zitierbar. Und zugleich auf erfreuliche Weise unberechen-
bar. Seine Essays zeugen von seinem großen erzählerischen Talent. Aber in seinen erzählerischen Werken sind
die essayistischen Partien die interessantesten. Seine theo-
retischen Darlegungen über das Theater lassen den Dramatiker erkennen. Nur daß seine Dramen von der Last
dieser Theorien erdrückt werden. Er ist ein Meister der
Psychologie. Doch kaum eine seiner vielen Gestalten will

45

sich in das Gedächtnis des Lesers einprägen. Er hat nun insgesamt neun Bücher veröffentlicht und ist ein Anfänger geblieben, an den alle glauben. Beachtliches und Fragwürdiges, Hervorragendes und Peinliches findet sich in seinen Werken in verblüffender Nachbarschaft. Auf Höhepunkte folgen bei Walser unvermittelt schauderhafte Entgleisungen. Lediglich das Mediokre weiß er zu umgehen. Und das will schon etwas heißen. Auch sein neuer Roman *Das Einhorn* läßt sich noch am ehesten eben von der Mittelmäßigkeit freisprechen. Vielmehr schwankt er zwischen den Extremen.

Das ursprüngliche Thema ist kühn. Ja, Walser war diesmal offensichtlich entschlossen, aufs Ganze zu gehen: »Ich bin Don Quichote, nachdem er gelesen hat, was Cervantes über ihn schrieb.« Mit diesem Bonmot wollte Anselm Kristlein, der Held des Walser-Romans *Halbzeit*, seine zwiespältige Rolle charakterisieren. Drei Jahre nach der *Halbzeit*, 1963, hat Walser – in dem höchst bemerkenswerten Aufsatz *Freiübungen* – sein Bonmot modifiziert: »Der Held eines neuen *Don Quichote* hieße nicht mehr Don Quichote, sondern Cervantes.« Was soll das bedeuten? Walser meint: »Wegen unseres sozusagen unverschuldeten Zusammenhangs mit den oberen Hunderttausend sind wir in der Lage, die ganze Corona zu erschüttern, dadurch daß wir uns selbst in Frage stellen. Schriftsteller als Verhaltensforscher. Gegenstand sind sie selber.« Und: »Der Schreiber kümmert sich endlich ganz um sich selbst, und wenn er sich aus dem Sattel gehoben hat, stellt sich heraus, daß er alle mitriß, die im Sattel saßen. Das ist sicher eine Utopie. Aber vielleicht nützt es, an ihrer Realisierung zu scheitern.«[1]

Der sich sofort aufdrängende Einwand, daß die von Walser postulierte Verhaltensforschung seit bald zwei Jahrhunderten zum Metier des Romanautors gehört und daß ihm als fraglos beliebtester Gegenstand der Betrachtung und der Forschung immer schon seine eigene Person gedient hat, wäre in diesem Zusammenhang ebenso berechtigt wie vollkommen belanglos. Jede Schriftsteller-Generation muß sich gewisse fundamentale Einsichten – und mögen sie uns noch so banal anmuten – selber erarbeiten. Auch Brecht hat manches entdeckt, was bereits von Aristoteles formuliert wurde. Und das spricht nicht gegen Brecht.

An einen solchen programmatisch egozentrischen Roman, der also auf dem Umweg über das rücksichtslos kritische Selbstbildnis des Schriftstellers die Gesellschaft oder jene von Walser apostrophierten »oberen Hunderttausend« anzuklagen oder anzugreifen versucht, mag er gedacht haben, als er *Das Einhorn*[2] zu schreiben begann.

Zu seinem unmittelbaren Sprecher hat er wiederum den Anselm Kristlein gemacht, der in *Halbzeit* zwar als Handelsvertreter und Werbefachmann gelten sollte, doch schon damals im Grunde ein Literat war. Nun darf er es ganz und gar sein: Er verfaßt Bücher und Artikel, er hält Vorträge, er diskutiert gegen Honorar, er beantwortet Umfragen. Und er leidet, versteht sich, an den Schwierigkeiten, die ihm das Schreiben bereitet. Dieser Kristlein erzählt, was ihm Anfang der sechziger Jahre im Privaten wie im Beruflichen widerfahren ist. Da wir es aber mit einem

Schriftsteller zu tun haben – und in dieser Profession gibt
es bekanntlich keinen Feierabend –, lassen sich die beiden
Bereiche kaum voneinander trennen, zumal er sich gerade
mit einer Arbeit befaßt, die auf der Verwertung seiner intimen Erlebnisse beruhen soll.

Von einer Schweizer Verlegerin, die ihm viel Geld bietet,
erhält er den Auftrag, ein offenes Buch über das zu schreiben, was sie die Liebe nennt, womit sie jedoch, wie sich
rasch herausstellt, vornehmlich das Sexuelle meint. Es soll
ein Roman und ein Tatsachenbericht zugleich sein, nicht
etwa ein Phantasieprodukt, sondern ein Dokument, ein
Protokoll womöglich, »kein Hohes, eher ein Genaues
Lied«. Und um seine Erfahrungen zu bereichern, geht die
resolute Verlegerin mit ihrem Autor selber ins Bett; auch
die Schilderung dieses kleinen Abenteuers hofft sie in dem
bestellten Buch zu finden.

Kristlein befürchtet zwar gleich, es gebe »für solche
Nächte, so wichtig sie für das Abendland sein mögen, keine
zugelassene oder auch nur anwendbare Sprache, man
wäre denn Arzt und weithin unverständlich«, macht
sich aber dennoch redlich ans Werk: »Sorgfältig will ich
Anselm nach rückwärts verfolgen, vielleicht kam Liebe
vor ... «

Vorerst freilich berichtet er über seinen beruflichen All-
tag, ein Thema also, über das Schriftsteller immer bereit-
willig Auskunft erteilen. Doch es kommt der Augenblick,
da kein Ausweichen mehr möglich ist: Seine Begegnung
mit Barbara will fixiert sein. Allein, es geht nicht. Im Brief
an die Verlegerin gesteht er: »Ich weiß schon, wie Du es
meinst. Wir sollen tagsüber nicht so tun, als täten wir

nachts nicht, was wir nachts tun. Schluß mit der Heuchelei, sagst Du. Alles beim Namen nennen, sagst Du. Ich wollte ja.« Allein: »Ich bin vielleicht doch nicht der Kämpfer für die neue Sittlichkeit, den Du suchst ... Autochthone Wörter willst Du von mir. Es kommt sicher ein Zeitalter dafür. Man spürt es schon. Aber ich selber stamme aus dem Mittelalter, Melanie. Für mich haben diese Wörter noch ihre sündhafte Ladung ...« Und schließlich: »Ich kann nicht ... Nimm Dir einen anderen Kämpfer.«

Damit hat *Das Einhorn* seinen Höhepunkt erreicht. Indes sind wir erst auf Seite 150, mehr als zwei Drittel des Romans liegen noch vor uns. Kristlein bricht daher sein dankenswertes Versprechen, er wolle nicht »auftreten als Blut- und Hodenritter«, und versucht wacker, gegen seine »anachronistische und deshalb geschäftsschädigende Scham« anzukämpfen.

Er läßt uns also doch wissen, wie das mit jener Barbara war und auch mit einer anderen jungen Dame, die ebenfalls Barbara heißt, welcher Umstand gewiß einen tieferen Sinn hat und vielleicht andeuten soll, daß sich derartige Mädchen zum Verwechseln ähneln. Diese Kapitel sind schon eher lustlos geschrieben, man spürt, daß Kristlein sie sich abgezwungen hat, was niemanden wundern sollte, da er ja nicht mehr an das Buch glaubt, das die Schweizerin von ihm erwartet. Nun gut, aber warum müssen wir, die Leser des *Einhorns*, darunter leiden?

Jedenfalls sind diese erotischen Episoden recht unerheblich und ziemlich langweilig, als hätte sich Walser vor allem bemüht, uns zu überzeugen, daß das harte Urteil der helvetischen Verlegerin gerechtfertigt war. Denn nach der

Lektüre des Manuskripts von Kristlein erklärt sie: »So geht's nicht.« In der Tat, sehr richtig.

Nun sind wir aber erst auf Seite 214. Doch läßt sich das Weitere leicht rekapitulieren. Die Verlegerin, an ihrem Autor nicht nur aus beruflichen Gründen interessiert, meint jetzt, er, ein Mann mit Weib und Kind, sei inmitten seiner Familie gehemmt. Daher schickt sie ihn für einige Zeit ins Haus eines Wirtschaftswundermillionärs am Bodensee, wo er ungestört arbeiten und weitere Erfahrungen sammeln kann. Auch dort, versteht sich, bringt er das Buch nicht zustande.

Wohl aber zeigt es sich, daß Walsers Vorstellungen vom Leben reicher Bundesrepublikaner ihre gelegentlich rührende Naivität noch nicht eingebüßt haben und daß er das persiflierte Milieu in Wirklichkeit mehr anstaunt als mißbilligt. Die zwar nicht anschaulich, doch genüßlich ausgemalten *Dolce-vita*-Szenen, die man schon in seinen früheren Romanen gelesen zu haben glaubt, verraten weiterhin die Perspektive des Neuankömmlings und huldigen überdies, bewußt oder unbewußt, einem höchst fragwürdigen literarischen Geschmack.

Das ist aber mitnichten alles. Es gibt noch einen Schlußteil, in dem geschieht, womit Anselm Kristlein und seine Auftraggeberin nicht gerechnet haben: Er verliebt sich bis über die Ohren in ein schwarzhaariges Mädchen namens Orli. Die in der ersten Hälfte des Buches häufig erwähnte Sexual-Gymnastik sollte offenbar in der Geschichte einer großen, keuschen und idealen Liebe ihr Gegengewicht finden.

So ist *Das Einhorn*, verglichen mit *Halbzeit*, diesem

gigantischen Mikrokosmos, ohne Schwierigkeiten über-
schaubar. Es fehlt dem Roman weder an einem klaren
Aufbau noch an deutlichen Konturen. Er scheint streng,
fast symmetrisch komponiert: Dem aus Meditationen bestehenden Prolog *Lage I* entspricht ein sehr ähnlicher Epilog *Lage II*. Der etwas breiten Exposition *Der Auftrag* folgen drei Teile von ungefähr gleichem Umfang: Der erste
Wörter für Liebe faßt Kristleins Bemühungen um jenes in-
time Buch zusammen, der zweite *Vergangenheitsform für
einen Sommer* mit der Darstellung des Aufenthaltes in der
Luxusvilla am Bodensee war vermutlich als statisches Zentrum des Ganzen gedacht, und der dritte *Nachruf* sollte wohl
mit der Orli-Romanze als Pendant zum ersten dienen.

Mit einer amorphen epischen Masse haben wir es hier,
im Unterschied zu *Halbzeit*, nicht mehr zu tun. Aber trotz
seines Skelettes ist *Das Einhorn* – so widersinnig es auch
klingen mag – doch ein gallertartiges Gebilde. Und die
übersichtliche Struktur kann nicht verhindern, daß das
Ganze zerfällt, wenn auch auf andere Weise als *Halbzeit*.
Zerbröckelte diese in eine Fülle von Winzigkeiten, so löst
sich der neue Roman eher in einzelne Bestandteile auf und
nicht nur in Episoden und Szenen, sondern auch und vor
allem in Glossen und Feuilletons, in Parodien und kultur-
kritische Kommentare, in Skizzen, Aphorismen und Impressionen.

Diese nichtepischen Einschübe – hier schnoddrig, dort
schwermütig, mal leichthin und flüchtig notiert, das andere Mal mit insistierender Hartnäckigkeit und mit provo-
zierender Gründlichkeit geschrieben – scheinen mir die
besten Abschnitte des Buches zu sein. Wenn Walser über

einen Umzug oder über die Rolle des Neulings in der Gesellschaft reflektiert, wenn er sarkastisch über die Briefe berichtet, die ein prominenter Schriftsteller von Lesern erhält und, ausführlicher und treffender noch, über die Aufforderungen, mit denen ihn Redaktionen bedrängen, die seine Äußerungen zu aktuellen Fragen wünschen (wobei er freilich vergißt, daß Kristlein im Unterschied zum Autor des *Einhorns* eben kein prominenter Schriftsteller ist), wenn er die übliche Party-Konversation verspottet und die Ergebnisse einer betriebspsychologischen Untersuchung parodiert, wenn er sich mit Lust und Wonne über bundesrepublikanische Podiumsdiskussionen hermacht und ihre Teilnehmer karikiert, jene, »die Abend für Abend auftraten, um der Bevölkerung die ansteckende Show des schlechten Gewissens zu bieten«, dann zeigt sich, was für ein Könner Martin Walser ist: ein meisterhafter Beobachter, ein virtuoser Formulierer, ein witziger Parodist, ein geistreicher Kommentator, ein großer Feuilletonist, kurz: ein ganzer Kerl.

Und kein Romancier? Sicher scheint mir jedenfalls zu sein, daß seine erzählerische Kraft immer nur für einzelne Motive ausreicht, für Momentaufnahmen, rasche Genrebilder und kleine Ausschnitte, für kurze, meist ironische Episoden. Eben deshalb überzeugt diese Kraft am stärksten dort, wo ihr lediglich eine sekundäre Funktion zukommt, wo das erzählerische Element nur eine Nebenrolle spielt und kaum mehr als eine Arabeske sein soll – also in Walsers diskursiven Darlegungen, in den Aufsätzen und Vorträgen, die in dem vorzüglichen Band *Erfahrungen und Leseerfahrungen* vereint sind.

Häufig beklagt Kristlein die Ohnmacht des Worts: »Eine Farbe wird keine Farbe, ein Geruch kein Geruch mehr...« Es ist natürlich kein Zufall, daß Walser zu dieser Einsicht, die noch nie angezweifelt wurde, unentwegt zurückkehrt. Was er der Sprache, nur der Sprache, zur Last legen möchte, erweist sich im Grunde als eine entscheidende Schwäche des Erzählers Walser: Angesichts der Farben und Gerüche versagt seine Feder. Seine akustische Reizbarkeit ist außerordentlich, aber sonst kann er dem Wahrnehmbaren, der sinnlich erfaßbaren Welt, nur in einem geringen Maße gerecht werden.

Er überspielt diese Schwäche gelegentlich mit einer Art Mikroanalyse und mit Nahaufnahmen. Dies gilt für die Szene im Eisenbahnabteil, in der Kristlein ein Mädchen und die Annäherungsversuche ihres Nachbarn minuziös beobachtet. Oder Walser behilft sich mit reflektierenden und kommentierenden Bemerkungen – so etwa in der Schilderung der ersten Nacht Kristleins mit der Verlegerin, einer amüsanten und etwas frivolen Episode, der es weder an Grazie noch an Melancholie mangelt.

Doch können solche Miniaturen und die vielen Einschübe nicht darüber hinwegtäuschen, daß es die Möglichkeiten des Romanciers Walser übersteigt, eine epische Welt auch nur anzudeuten, geschweige denn zu schaffen. Trotz seines Temperaments und seiner Sensibilität, trotz psychologischer Finesse und stilistischer Präzision bleibt sein Land leblos. Immerhin ähnelt es einer Wüste mit Oasen, die allerdings in der zweiten Hälfte dieses Buches weder zahlreich noch attraktiv genug sind, um die ermüdende Wanderung durch das dürre Gelände lohnend zu machen.

Die Grenzen des Erzählers Walser werden besonders deutlich dort, wo er sich um große Gefühle und Leidenschaften bemüht. In der mit nahezu verzweifelter Anstrengung geschriebenen Orli-Romanze bricht seine Kunst zusammen. Hier, zeigt es sich, ist seine ungeheuerliche Beredsamkeit (die sich übrigens auch in pure Geschwätzigkeit verwandeln kann) vollkommen machtlos. Walser hat tatsächlich, wie sein Held Kristlein, keine »Wörter für Liebe«. Und wenn er sie zu erzwingen versucht, läßt ihn sein Geschmack im Stich.

Walser beschreibt die »fündigen Achselhöhlen«, »die aufgehen, weil Orli ihre Hände gleichmäßig hebt«, und er fordert uns auf: »Also betrachten wir jetzt diese Brüste, an den Schultern aufgehängt, komisch vor Größe, überlebt einer das, hat er's geschafft, denn walrückenhaft schwer streben die walnußbraun auseinander.« Die Sprache büßt den letzten Rest der Anschaulichkeit ein, wenn es heißt, daß aus Orlis Mund »Wörter wie ganz junge Salatblätter« schlüpften.

Sowenig sich die Orli-Figur, eine unsäglich fatale österreichisch-holländisch-indonesisch-jüdische Mischung (natürlich wird auch ein jiddisches Lied zitiert) ernst nehmen läßt, sowenig gelingt es Walser, die Gefühle zu ihr zu vergegenwärtigen. Da helfen derartige Beteuerungen überhaupt nichts: »So erzitterte er unter der Wucht der Einhelligkeit. So war er sich selber eine einzige Akklamation ... Er war eine Tendenz, eine millionenfache Zusammenarbeit. Er war einzig.« Solche Deklamationen sind, befürchte ich, nicht imstande, auch nur das geringste zu beglaubigen.

Je weiter freilich, desto schlimmer wird es, desto deutlicher setzte die Selbstkontrolle Walsers aus:»Beide lagen
rücklings im Wasser. Paddelten rücklings voneinander
weg. Kamen aber nicht auseinander. Waren unter Wasser
zusammengewachsen. Siamesisch. Seit Millionen Jahren.« Oder:»Und sie streichelt ihren Buben. Der treibt
seinen Kopf mahlend tiefer. Sie holt sich diesen Kopf.
Nimmt ihn sich richtig vor. Überfällt mit ihrem seinen
Mund, begräbt den unter ihrem.« Und noch ein letztes
Beispiel:»Still lagen sie nebeneinander. Einander zuge-
wendet. Hielten einander die Hände. Beider Blicke fest
ineinander verankert. Ohne Mühe konnten sie einander
langlang, unheimlich lang aus nächster Nähe in die Augen
sehen. Von einem Auge ins andere, vom anderen wieder
ins eine.«

Dies ist die Tonlage, die Stilebene der Orli-Romanze. Im
Epilog meldet sich dann plötzlich Walsers schlechtes Gewissen: Kristlein gibt zu, in der Geschichte der Liebe
zu Orli sei ihm der Nachweis nicht gelungen,»daß man
Vergangenes wieder heranimicieren« könne. Und er fügt
hinzu:»Ein materielles Mädchen hat man doch nicht
schon dadurch, daß man von ihr spricht, singt, stöhnt ...
Ein weiblicher Mensch. Der hat doch ... erst Hand und
Fuß, wenn man Hand und Fuß greifen kann.« Was soll
das? Wird uns Walser noch erklären wollen, daß zwischen
einem Kotelett und der Schilderung eines Koteletts doch
ein gewisser Unterschied besteht? Wer hat das je bestritten?

Am Ende erfahren wir noch, daß Kristlein sich selber
nicht für einen realen Menschen hält – er sei lediglich ein

55

Schatten und überdies ein solcher, »der seinen Werfer verlor«. Diese Mitteilung ist für den Leser, der sich fast 500 Seiten lang mit den Erlebnissen Kristleins befassen mußte, immerhin ein harter Schlag. Gewiß, wenn der Held des *Einhorns* erklärt, er dürfe das Wort »lebenswahr« für sich nicht in Anspruch nehmen, so trifft das zwar den Kern der Dinge und muß auch auf fast alle Figuren des Romans bezogen werden, und doch ist es nur eine nachträgliche Rechtfertigung, die nichts mehr retten kann.

Warum ist also dieses Buch Martin Walsers ebenfalls mißraten, warum entströmt dem *Einhorn* nicht jener »Hauch Notwendigkeit«, den Kristlein anzustreben vorgibt? Vielleicht sollte man nicht übersehen, daß dies auch und nicht zuletzt mit Fragen der schriftstellerischen Disziplin, also der Selbstkontrolle, zusammenhängt. Einer der ersten Sätze des Romans lautet: »Es fehlt mir offenbar an Macht über mich selbst.« Aber eine solche Feststellung läßt uns hoffen.[3]

1966

WAR ES EIN MORD?

Wenn ein so scharfsinniger Schriftsteller wie Martin Walser und ein so bedeutender Regisseur wie Fritz Kortner
in langwieriger und offenbar einträchtiger und beflisse-
ner Zusammenarbeit und überdies mit Hilfe so erfahrener
und hervorragender Schauspieler wie Hortense Raky und
Werner Hinz schließlich einen Theaterabend zustande
bringen, der sich als außergewöhnlich langweilig und ab-
geschmackt und streckenweise sogar als dümmlich erweist, dann ist das Ganze – eben des extremen Ergebnisses
wegen – in hohem Maße bedenkenswert. In den Münchener Kammerspielen hat also in Anwesenheit vieler illustrer
Trauergäste ein Leichenbegräbnis erster Klasse stattge-
funden. Zu klären bleibt, ob hier das Stück – Walsers *Zimmerschlacht*[1] – systematisch ermordet wurde oder ob man
nur eine Leiche auf die Bühne gezerrt hat.

Daß Martin Walser, so originell seine Begabung auch
sein mag, nicht zu jenen Künstlern gehört, die mit vollen
Händen spenden können, wissen wir längst, zumindest seit
dem Roman *Halbzeit* (1960). Was er schreibt, ist oft anregend und interessant, es vermag zu verwundern und zu
irritieren, ja mitunter zu entzücken. Aber es überwältigt
nie: Die verführerische, den Leser bezwingende Kraft, die
manchen Seiten von Frisch und Böll, von Grass und Johnson nachgerühmt werden kann, geht Walser vollkommen
ab.

Warum? Weshalb erinnert er uns häufig an die alte

Wahrheit, daß sich in der Kunst Vitalität und Sterilität nicht gegenseitig ausschließen? Vielleicht ist dieser Kasus der deutschen Gegenwartsliteratur gar nicht so kompliziert, wie er es im ersten Augenblick zu sein scheint. Sehr wohl möglich, daß dem Schriftsteller Walser nichts anderes fehlt als jenes schwer definierbare und nach wie vor nicht ersetzbare Element, das sich mit dem altmodisch klingenden Begriff »poetische Imagination« andeuten läßt.

Auf jeden Fall hat Walser mehr Esprit als Phantasie. Sein Ohr ist besser als sein Auge, er erweist sich immer wieder als ein Mann eher des Arguments als des Bildes. Nicht seine Figuren prägen sich daher ein – die einzige, an die ich wirklich zu glauben vermochte, war Beumann in den *Ehen in Philippsburg* –, wohl aber seine Formulierungen, nicht die Vorgänge bleiben im Gedächtnis, sondern die Randbemerkungen, nicht die Situationen, sondern die Reflexionen.

Damit hängen die mutmaßlichen, vielleicht einstweiligen Grenzen Walsers zusammen, des Epikers ebenso wie des Dramatikers. Daß er sie nicht akzeptieren will, ehrt ihn. Daß er sich jedoch hartnäckig weigert, aus seiner schriftstellerischen Eigenart praktische Konsequenzen zu ziehen – oder hierzu nicht imstande ist –, gibt vielen seiner Bemühungen den Anstrich einer liebenswürdigen, aber auf die Dauer etwas ermüdenden Donquichotterie. Dies wurde besonders deutlich in seinem Kampf um das Theater, der jedenfalls spannungsvoller und dramatischer zu sein scheint als die Bühnenwerke selber.

Dreimal hat er versucht, Fabeln und Handlungen zu erfinden, mit denen der Gegenwart und der jüngsten Vergangenheit beizukommen wäre, dreimal ist er gescheitert. Und in allen diesen Fällen – also in den Stücken *Eiche und Angora*, *Überlebensgroß Herr Krott* und *Der Schwarze Schwan* – eigentlich aus demselben Grunde: Weil er statt der angestrebten Modellsituationen stets nur Dialogpointen und statt der szenischen Vision bestenfalls Bonmots zu bieten hatte. Er führte Motive ein, die er nicht verwerten konnte, und er offerierte Einfälle, denen er als Theaterautor nicht gewachsen war. Mit anderen Worten: So exemplarisch Walsers Gestalten und Konstellationen auch sein sollten, so wenig vermochten sich die von ihm skizzierten Bilder zu Sinnbildern zu weiten. Was immer er auf der Bühne geschehen ließ: Unversehens und gegen seinen Willen wurden aus den Aktionen pure Deklarationen.

Vor dem Hintergrund dieser Dramen, in denen er also mehrere Jahre hindurch versucht hatte, zeitgeschichtliche und moralpolitische Fragen mit Hilfe einer konkreten szenischen Handlung auszudrücken, ist sowohl die thematische als auch die formale Konzeption der *Zimmerschlacht*, die zwar auf eine frühere Arbeit Walsers zurückgeht, aber in der der vorliegenden Fassung als ein Stück des Jahres 1967 betrachtet werden sollte, nicht ohne Interesse.

Zunächst: Wir haben es mit einem Ehestück zu tun, das sich lediglich im privaten und intimen Bereich abspielt. Jene zeitgeschichtlichen und moralpolitischen Aspekte, von denen sich Walser noch unlängst fasziniert zeigte, bleiben ganz und gar ausgeklammert.

Ähnliches gilt übrigens für das fast gleichzeitig erschienene Drama Max Frischs *Biografie*: Auch hier dominiert, anders als in seinen vorangegangenen Bühnenwerken, das

Individuelle und Private. Rolf Hochhuth wiederum hat neulich in einem Rundfunk-Gespräch erklärt, er werde in seinem nächsten Stück, einer Komödie, keinen zeitgeschichtlichen Stoff behandeln. Ist das nur eine zufällige Koinzidenz? Immerhin scheint es nicht ausgeschlossen, daß nach Jahren, in denen die meisten deutschen Dramatiker die Schaubühne am liebsten als eine moralpolitische Anstalt betrachtet haben, jetzt wieder einmal das Private im Vordergrund stehen wird – und damit wohl auch die Psychologie.

Walser jedenfalls ist offenbar entschlossen, diesen Weg einzuschlagen. Man müsse das Theater – schrieb er unlängst – wieder zu einem Ort machen, »an dem Handlungen des Bewußtseins stattfinden können«[2]. In einem Stück – meinte er – »dürfte so viel passieren wie in einem menschlichen Bewußtsein«. Eben das sollte *Die Zimmerschlacht* wohl werden: eine psychologische Etüde, die das Wesen und die Situation von zwei Menschen erkennbar werden läßt, eine traurige, bisweilen harte und düstere, doch niemals herzlose oder grausame Studie über das Eheleben, die nicht mehr und nicht weniger vergegenwärtigt als das, was sich im Bewußtsein der beiden Partner abspielt.

Ein achtundvierzigjähriger, braver und harmloser Erdkundelehrer, der behauptet, nur darunter zu leiden, »daß Erdkunde kein Versetzungsfach ist«, und seine nicht jüngere Frau, die ebenfalls zur Selbstironie neigt, sollten die von Walser postulierten »Theaterfiguren aus Bewußtseinsstoff« sein. Sie sind seit neunzehn Jahren verheiratet, also fällt es ihnen schwer, miteinander auszuhalten. Scheidung? »Das schaff ich nicht. Dich verlassen. Als wärst bloß du bald fünfzig. Als wär's deine persönliche Schuld. Die Kinder sind aus dem Haus, also was bindet uns noch? Komisch, sobald ich denk, du bleibst allein zurück, da sträubt sich was.« Und etwas weiter: »Die Ehe ist nun mal eine seriöse Schlacht. Nein, nein, eine Operation. Zwei Chirurgen operieren einander andauernd. Ohne Narkose. Aber andauernd. Und lernen immer besser, was weh tut.«

Doch dieses Ehepaar und seine »in eine Vierzimmerwohnung installierte Hölle« zeigt Walser nicht etwa mit Hilfe einer szenischen Fabel, die die beiden Figuren – wie man seiner neuen Dramaturgie entnehmen kann – in einen zwar konsumierbaren, aber die Realität entstellenden Verlauf zwängen würde, sondern einzig und allein in Dialogen und Selbstaussagen. Also: Mitteilung statt Handlung, Deklaration statt Aktion.

Auf diese Weise möchte der listige Walser das, wogegen er in seinen bisherigen Stücken vergeblich angekämpft hatte und woran er gescheitert war, jetzt zum Formprinzip erheben: Sein künstlerisches Unvermögen bietet er mit treuherzigem Augenaufschlag als ästhetisches Programm an, seine alte Not versucht er als neue Tugend an den Mann zu bringen. Was ist dagegen einzuwenden? Nichts, vorausgesetzt daß das Ergebnis etwas taugt. Was taugt es?

Solange sich Walsers Figuren gegenseitig und ohne Umschweife attackieren und quälen und martern, solange sie ihre Gefühle und Ressentiments, ihre Gedanken und Befürchtungen, ihre Hemmungen und Komplexe direkt ausdrücken dürfen, wirkt *Die Zimmerschlacht* authentisch. Wo sich Walser entschließt, den Lehrer und seine Frau Klartext sprechen zu lassen und auch vor exhibitionistischen Äußerungen nicht zurückschreckt, entsteht eine Bühnenwirklichkeit, die sich ihre eigenen Gesetze schafft.

Aber das trifft leider nur auf wenige Passagen des ersten Aktes zu, vor allem auf die beiden großen Bekenntnisse, in denen das Stück seinen Höhepunkt findet. Denn zu dem kahlen und asketischen »Bewußtseinstheater«, das im Sinne der Walserschen Forderung in der Tat »ein Ort selbständiger Handlung wäre«, hat ihm jene Konsequenz gefehlt, die man einem Bühnenautor wie Peter Handke, was immer man von seinen Arbeiten denken mag, nicht absprechen kann.

Hingegen hat Walser versucht, die Ehe-Auseinandersetzung aufzulockern und einem wenig anspruchsvollen Publikum schmackhaft zu machen. Wo er jedoch szenische Effekte anstrebt, wo er seinen Dialog bühnenwirksam machen will, wird sein Theater dilettantisch und sein Humor geradezu albern. Denn womit sich Walser fortwährend behelfen will – und dies schon in der ziemlich fatalen einleitenden Szene –, ist nichts anderes als Ulk auf Stammtischniveau und jener Klamauk, dem man immer die Herkunft aus der Schmiere von vorgestern deutlich anmerkt. Der penetrante Mief der deutschen Provinz, den wir längst als ein offenbar unvermeidliches Element des Walserschen Œuvres kennen, wird hier, befürchte ich, auch gegen den Willen des Autors spürbar.

So ist *Die Zimmerschlacht* eine Mischung mit Ingredienzen von sehr unterschiedlicher Qualität: Die Skala reicht vom unbedarften und primitiven Schwank bis zum subtilen psychologischen Drama, das freilich über beachtliche Ansätze nicht hinauskommt.

Bleibt noch die Frage, ob sich *Die Zimmerschlacht* als der erste Schritt Walsers zu jenem »Bewußtseinstheater« erweisen wird, von dem er in seinem Selbstkommentar träumt. Ich glaube, Walser wird die Bühne nur dann erobern, wenn er sich entschließt, auf alles Theatralische radikal zu verzichten. Wenn er den Mut und die Kraft zu jenem kahlen und asketischen, sich ausschließlich in der Sprache manifestierenden Drama aufbringt, das immerhin im ersten Akt des Zweipersonenstücks *Die Zimmerschlacht* verborgen ist.

1967

SEIN TIEFPUNKT

Ein belangloser, ein schlechter, ein miserabler Roman. Es lohnt sich nicht, auch nur ein Kapitel, auch nur eine einzige Seite dieses Buches zu lesen. Lohnt es sich, darüber zu schreiben? Ja, aber bloß deshalb, weil der Roman von Martin Walser stammt, einem Autor also, der einst, um 1960, als eine der größten Hoffnungen der deutschen Nachkriegsliteratur galt – und dies keineswegs zu Unrecht.

Schon in Walsers frühen Büchern, in jenen Romanen *Ehen in Philippsburg* (1957) und *Halbzeit* (1960), denen er seinen Ruf verdankt, machte sich eine eigentümliche Mischung aus Vitalität und Sterilität bemerkbar. Man meinte, diesem temperamentvollen und sympathischen Schriftsteller, von dem es mitunter gescheite und jedenfalls anregende Aufsätze zu lesen gab, werde es mit der Zeit gelingen, seine Schwächen zu überwinden. Es kam umgekehrt: Die Vitalität ließ nach, die Sterilität wurde unerträglich. Die einst erstaunliche Beredsamkeit verwandelte sich in pure Geschwätzigkeit. Walser konnte die Worte nicht mehr halten. Der Anblick bereitete Pein. Aber noch in einem so mißratenen Buch wie dem Roman *Das Einhorn* (1966) konnte man hier und da witzige Reflexionen, hübsche Arabesken und geschickt formulierte Impressionen finden. Was danach kam, wurde zwar weiterhin beachtet, doch im Grunde nur deshalb, weil es von Walser war. Seinen endgültigen Tiefpunkt – so schien es – hatte er mit einem kümmerlich-törichten und inzwischen längst vergessenen Büchlein *Fiction* (1970) erreicht.

Damals, um 1970, schöpfte Walser, verärgert über Literaturkritiker, Intendanten und Theaterrezensenten, recht plötzlich neue Hoffnungen: Er wandte sich, die Mode vieler bundesdeutscher Intellektueller flink und graziös mitmachend, dem Kommunismus zu. Wenn es mit dem Dichten nicht weitergehen will, ist hierzulande die Barrikade des Klassenkampfes ein attraktiver und meist auch gemütlicher Aufenthaltsort, auf jeden Fall aber eine dekorative Kulisse. Natürlich gibt es in der Bundesrepublik und in anderen westlichen Ländern deutschsprachige Schriftsteller, für die der Kommunismus eine ernste, eine große Sache ist. Aber für Walser, den unermüdlichen Spieler, den liebenswürdigen Wort- und Windmacher, den Jongleur, Showmaster und in der Tat begnadeten Unterhaltungskünstler vom Dritten Programm? Reden wir nicht darüber...

Wie auch immer: Walsers Aufsätze erschienen nun im *Kürbiskern* und ähnlichen Organen, er absolvierte die übliche Reise in die Sowjetunion und erklärte dann im Deutschen Fernsehen, sie sei ein feines Land. Der Kulturbetrieb quittierte diese Entwicklung mit Wohlwollen: Endlich hatte man einen renommierten Schriftsteller, der die Erlösung der ausgebeuteten Massen vom Joch des Kapitalismus mit charmanter Eloquenz zu verkünden wußte. An fanatischen Bannerträgern fehlt es in diesem Lande nie, doch ein heiterer Plauderer mit der roten Fahne in der Hand – das hatte und hat Seltenheitswert. So wurde Martin Walser zum geistreichen Bajazzo der revolutionären

Linken in der Bundesrepublik Deutschland. Aber seinen literarischen Produkten konnte das alles nicht helfen. Die Romane *Die Gallistl'sche Krankheit* (1972) und *Der Sturz* (1973) sind nicht eine Spur besser als *Fiction*, sein *Sauspiel* (1975) ist so fatal, wie es schon sein *Kinderspiel* (1970) war.

Inzwischen ist Walser, wie man hört, von der DKP, der er übrigens nie beigetreten war, wieder eindeutig abgerückt. Manche seiner Freunde werden diesen Umstand zufrieden begrüßen, für den Literaturkritiker ist er jedoch belanglos. Denn Walsers politische Wandlungen haben nach wie vor keinen Einfluß auf die Qualität seiner Epik oder Dramatik. Das zeigt auch der neue Roman *Jenseits der Liebe*[1].

Drei Personen stehen im Mittelpunkt der leicht überschaubaren, weil simplen Handlung: ein etwa fünfzigjähriger Angestellter namens Horn (wieder ist es ein Handelsvertreter wie dereinst Walsers Anselm Kristlein), dessen jüngerer Kollege namens Liszt und der Chef der beiden, der Inhaber der Firma. Wahrscheinlich sollen die Namen begriffsstutzigen Walser-Leuten auf die Sprünge helfen. So ist Horn einer, der sich die Hörner abgelaufen hat und dem das Leben (in der kapitalistischen Bundesrepublik) in jeder Hinsicht die Hörner aufsetzt. Liszt ist, versteht sich, ein listiger Mensch. Und der Firmeninhaber? Das ist eigentlich eine überflüssige Frage, denn wie Firmeninhaber sind, das weiß doch jedermann: Es sind Ausbeuter und Blutsauger. Und wenn sie, wie in diesem Roman, mit ihren Angestellten freundlich und rücksichtsvoll reden, dann sind sie doppelt gefährlich, weil sie ihre wahren Absichten tarnen.

Die Charaktere der beiden Angestellten, die freilich nur

sehr vage sichtbar werden – es war nie Walsers Sache, lebendige Gestalten zu zeichnen –, sind ohne Skrupel direkt aus ihrem Alter abgeleitet. Folglich ist der jüngere energisch, ehrgeizig und tüchtig. Er will um jeden Preis Karriere machen und muß deshalb den Kollegen Horn verdrängen. Dieser ist wie die meisten Fünfzigjährigen in der bürgerlich-kapitalistischen Gesellschaft ein Opfer des grausamen Konkurrenzkampfes, also müde, abgetakelt, resigniert und verzweifelt. Da er ein Organ hat, das in der westdeutschen Gesellschaft das Leben eher erschwert, nämlich ein Herz, scheitert er im Beruf. Und da er »der typische Verlierer« ist, muß er auch als Ehemann und Vater scheitern. In seiner sexuellen Potenz ist er, dem literarischen Klischee gemäß, ebenfalls wenig leistungsfähig. Der Angestellte Horn neigt zur Onanie, doch auch hier operiert er eher glücklos.

Indes muß man zugeben, daß sich Walser viel Mühe gibt, um den Lesern das Innenleben seines Helden zu verdeutlichen: »Auch daß er sich verachtete, war ihm recht. Endlich Harmonie. Sowas hatte er noch nie gehabt. Im Einklang mit sich selbst. Ein Miesling verachtet sich. Eine beschissene Existenz stinkt sich.« Und noch ein Zitat, das zugleich mit dem Thema auch den Stil des Buches veranschaulicht: »Da aber reicht sich, sagte er, der über und über Beschissene endlich die Hand und führt sich langsam, aber unaufhaltsam aus der Scheiße hinaus.«

Vor Jahren konnte man sich darüber Gedanken machen, ob die Sprache das Instrument Walsers sei oder Walser lediglich ein Medium der Sprache. Heute sind solche Überlegungen gegenstandslos. Von seiner einst rühmlichen

Empfänglichkeit für Töne und Zwischentöne ist buchstäblich nichts geblieben. Die Sprache verweigert sich ihm, seine Diktion ist jetzt saft- und kraftlos: In dieser Asche gibt es keinen Funken mehr. Wenn Walser den Geruch in einem Zugabteil kennzeichnen will, schreibt er: »Es riecht wie in einer Sakristei, in der man Unterwäsche in Schweineschmalz gebraten hat.«

Gewiß, schon in der *Halbzeit* und erst recht im *Einhorn* war Walsers Land leblos: Es glich einer Wüste, doch immerhin mit Oasen. Hier sucht man vergeblich nach einer Oase und findet überall nur Sand und Müll. Es ist unvorstellbar, daß das Lektorat des Suhrkamp Verlags ein solches Manuskript, wäre es von einem unbekannten Autor eingereicht worden, akzeptiert hätte. Es gab Zeiten, da hat sich der S. Fischer Verlag nicht gescheut, sogar einem Gerhart Hauptmann eine mißratene Arbeit zurückzuschicken. Wie schlecht muß ein Stück von Walser sein, damit es kein Theater in der Bundesrepublik aufführt, wie schlecht ein Walser-Manuskript, damit der Suhrkamp Verlag es ablehnt?

Jetzt, da der Roman *Jenseits der Liebe* doch erschienen ist, wird er wahrscheinlich nicht ganz erfolglos bleiben. Die Buchhändler haben, vom prominenten Namen verführt, wohl reichlich geordert und müssen zusehen, wie sie die Exemplare wieder loswerden. Rezensenten, die sich für »progressiv« halten, werden das Buch ausgiebig loben, denn Walser gilt ja als furchtloser Linker. Aber diese Prosa – das sei mit Entschiedenheit gesagt – ist weder links noch rechts. Sie ist nur langweilig.

Martin Walser, den wir für einen der besten Erzähler

seiner Generation gehalten haben, trieb viele Jahre mit seinem Talent Schindluder. Er hat es fast ruiniert und ist nun erneut an einem Tiefpunkt seiner Laufbahn angelangt. Doch gibt es Tiefpunkte, die sich als Wendepunkte erweisen. Hinter diesen Worten verbirgt sich keine Voraussage, wohl aber, das soll nicht verheimlicht werden, immer noch eine Hoffnung.

1976

SEIN GLANZSTÜCK

Am 27. März 1976 brachte die *Frankfurter Allgemeine Zeitung* eine Buchbesprechung, die viel Verwunderung und Empörung auslöste und sogar als Denunziation bezeichnet wurde. Tatsächlich ging sie im Ton wie im Inhalt weit über das Übliche hinaus, schon ihre ersten Sätze zeichneten sich durch eine außergewöhnliche Schärfe aus. Denn meine Kritik begann mit den Worten: »Ein belangloser, ein schlechter, ein miserabler Roman. Es lohnt sich nicht, auch nur ein Kapitel, auch nur eine einzige Seite dieses Buches zu lesen.« Gemeint war Martin Walsers Roman *Jenseits der Liebe.*

Man wird zugeben: Noch deutlicher, noch härter, noch unbarmherziger läßt sich über eine literarische Arbeit gar nicht urteilen. Aber soviel gegen *Jenseits der Liebe* einzuwenden war und ist – denn ich kann von meiner damaligen Rezension auch heute nichts zurücknehmen –, so sicher erscheinen in der Bundesrepublik alljährlich unzählige Bücher, die in jeder Hinsicht erheblich schlechter sind als jenes, das mit einem so rabiaten Protest bedacht wurde. Wozu sollte also dieser Protest gut sein, was wollte er bewirken? Jede Literaturkritik bezieht sich auf einen konkreten Gegenstand – und nie auf diesen Gegenstand allein. Indem der Kritiker ein Buch charakterisiert, indem er es befürwortet oder zurückweist, spricht er sich für oder gegen einen Autor aus und zugleich für oder gegen eine Schreibweise, eine literarische Richtung oder Tendenz. Er sieht also das Buch, das er behandelt, immer in einem bestimmten Zusammenhang. Er wertet es als Symptom.

Auch *Jenseits der Liebe* hatte ich, wie der Kritik zu entnehmen war, vor allem als Symptom verstanden und beurteilt. Es ging also in erster Linie nicht um diesen Roman, sondern um seinen Autor, um Martin Walser, der einst als eine der größten Hoffnungen der deutschen Nachkriegsliteratur galt, doch später mit seinem Talent, so jedenfalls schien es, aus verschiedenen Gründen nur Schindluder trieb – und der schließlich dieses außerordentliche Talent fast ruiniert hat.

Die Kritik, »als Skandalon konzipiert« (wie Heinrich Vormweg im *Merkur* treffend bemerkt hatte[1]), war ein zorniger und verzweifelter Versuch, auf Martin Walsers schriftstellerischen Weg Einfluß auszuüben. Er sei – hieß es im Fazit – »an einem Tiefpunkt seiner Laufbahn angelangt«. Der letzte Satz der Kritik lautete: »Doch gibt es Tiefpunkte, die sich als Wendepunkte erweisen. Hinter diesen Worten verbirgt sich keine Voraussage, wohl aber, das soll nicht verheimlicht werden, immer noch eine Hoffnung.«

Inzwischen hat Martin Walser die Novelle *Ein fliehendes Pferd* geschrieben.[2] Und was damals nur eine vage Hoffnung war, ist jetzt ein Faktum: Das Buch *Jenseits der Liebe* hat sich in der Tat nicht nur als ein Tiefpunkt, sondern auch und vor allem als ein Wendepunkt erwiesen. Gewiß, leichtsinnig wäre es und auch anmaßend, wollte man jene auf Schockwirkung abzielende Kritik des Romans *Jenseits der Liebe* und die Entstehung der Novelle *Ein fliehendes Pferd* in einen ursächlichen Zusammenhang bringen.

Der unmittelbare Einfluß eines Kritikers auf die Entwicklung eines Schriftstellers ist, ganz abgesehen davon, daß er sich nur selten nachweisen läßt, in der Regel verschwindend klein. Auch wäre dieser Einfluß keineswegs wünschenswert, es sei denn, es gäbe, was es noch nie gegeben hat und nie geben wird: unfehlbare Literaturkenner.

Gleichwohl fühlt sich der Kritiker, der den Weg eines Autors viele Jahre oder gar Jahrzehnte hindurch begleitet hat, für dessen Niederlagen in einem gewissen Sinne mitverantwortlich. Und insgeheim glaubt er, auch an dessen Siegen und Triumphen einen winzigen Anteil zu haben. Dies ist oft, zugegeben, nur eine Einbildung, eine Illusion. Aber manch ein Kritiker kann und will sich ein Leben lang von dieser Illusion nicht trennen: Er braucht sie, um seinen Beruf weiterhin ausüben zu können.

Denn entgegen der zumal in Deutschland verbreiteten Ansicht, die Kritiker seien allesamt üble Querulanten, permanente Spielverderber und ekelhafte Parasiten, gilt nach wie vor Moritz Heimanns treuherzig anmutende These: »Kritik ist nur darauf aus, daß das Gute geschaffen werde.«[3] So bereitet uns Kritikern nichts eine größere Genugtuung als die dunkle Hoffnung, es sei uns gelungen, zu einem Stück Literatur beizutragen.

Wie auch immer: Martin Walsers Novelle *Ein fliehendes Pferd* halte ich für sein reifstes, sein schönstes und bestes Buch. Diese Geschichte zweier Ehepaare, die sich zufällig während ihrer Ferien in einem Ort am Bodensee treffen, ist ein Glanzstück deutscher Prosa dieser Jahre, in dem sich Martin Walser als Meister der Beobachtung und der Psychologie, als Virtuose der Sprache bewährt.

1978

SEINE RÜCKKEHR ZU SICH SELBST

Es ist bald zwanzig Jahre her. Martin Walser hatte seine Teilnahme an einer Tagung der »Gruppe 47« zwar zugesagt, war aber dann doch nicht gekommen: Er stecke, wurde bedeutsam gemunkelt, in einer ernsten Krise. Damals war er noch ein junger, hoffnungsvoller Schriftsteller, die *Ehen in Philippsburg* hatten ihn zu Recht bekannt gemacht, die *Halbzeit* gab es noch nicht – und schon sprach man besorgt und bekümmert von seiner Krise.

Seitdem will kaum jemand, der sich mit Walsers Büchern oder Stücken beschäftigt, auf diese düstere Vokabel verzichten: Was immer er geschrieben hat und wie immer es beurteilt wurde, letztlich sei es, hieß es mit schöner Regelmäßigkeit, als Zeichen einer Krise zu verstehen – vor allem natürlich des Martin Walser oder seiner Generation, dann aber auch des Erzählens, des Romans, des Dramas oder ganz einfach der Literatur hier und heute. Und auch nach seinen schwächsten Arbeiten hat man ihn als bedauernswertes Opfer eben der Krise beklagt, auch seine »Resignation« wollten manche Rezensenten als Zeitsymptom deuten, auch für seine »Kapitulation« sollte unbedingt die Epoche verantwortlich sein.

Dabei fällt auf, daß das Verhältnis der Kritik zu Walser immer schon etwas ungewöhnlich war: Gewiß, ihm wurde unmißverständlich ein Fehlschlag nach dem anderen bescheinigt (und die vielen Mißerfolge machten ihn fast unmerklich, gleichsam unter der Hand, zu einem unserer Erfolgsautoren), doch hat ihm die Kritik nie ihre Aufmerksamkeit entzogen und nur selten ihr Wohlwollen versagt. Mehr noch: Jene, die seine Produkte, mochten sie noch so kümmerlich sein, ausführlich begutachteten, erinnerten geradezu – Joachim Kaiser, selber ein geduldiger und bewährter Walser-Forscher, hat hierauf hingewiesen[1] – an behutsam-fürsorgliche Ärzte, die sich um das Bett eines Patienten scharen, dessen Fall ihnen außerordentlich interessant, wenn auch leider sehr bedenklich scheint.

Die liebevolle Betreuung, die dem Betroffenen verständlicherweise auf die Nerven ging, hatte schon einen triftigen Grund. »Dieser Walser ist ein Genie, wenn auch einstweilen nichts dabei herauskommt ...« – meinte Friedrich Sieburg 1960.[2] Und ein anderer Kritiker schrieb über die *Halbzeit*: »Vielleicht hat noch nie ein so schlechtes Buch eine so große Begabung bewiesen.«[3] Kurzum: Man hatte den Verdacht und die Hoffnung, daß sich hier ein Autor unter Preis verkauft. Daß also dieser Walser ungleich mehr kann, als er leistet.

Nun ist nach vielen Jahren und Enttäuschungen, nach allerlei Irrwegen und Verstrickungen, die vielleicht notwendig waren – wer könnte darüber mit Sicherheit befinden? –, doch etwas herausgekommen. Nein, es ist kein gewaltiges Werk, sondern nicht mehr und nicht weniger als eine Novelle, und sie kann zumindest insofern keineswegs als Überraschung gelten, als sie mit Walsers vorangegangenen Romanen und Erzählungen sehr viel gemein hat: Wer wieder einmal von seiner Resignation oder Kapitulation reden wollte, wäre wohl im Recht. Aber es gibt eine Resignation, die nicht von Schwäche zeugt, sondern von

Einsicht und Reife. Und eben weil Walser in einem gewissen Sinne tatsächlich kapituliert hat, konnte es ihm gelingen, die oft beschworene Krise zu überwinden: Die Novelle *Ein fliehendes Pferd* ist seine bescheidenste und überzeugendste epische Arbeit.

Worum geht es? Man könnte sagen: um die Selbstverwirklichung des Intellektuellen in der bundesdeutschen Gesellschaft, um seinen Versuch, sich ihrem Druck und Einfluß zu entziehen, um die Vereinsamung und Entfremdung des Individuums inmitten unseres Alltags, um sein Versagen und Scheitern. Doch sind das nur dürre Formeln, die überdies schon auf Walsers frühere Bücher zutrafen, zumal auf seinen Erstling, den Erzählungsband *Ein Flugzeug über dem Haus* (1955). Jene Geschichten, mit denen sein Weg begann, waren Parabeln, die in abstrakten Räumen spielten: Ihre Gestalten dienten bloß als Demonstrationsobjekte. Später brillierte Walser mit psychologischen Nuancen und realistischen Details. Aber nach wie vor war es die Abstraktion, die seine Epik bedrohte. Das führte zu jener für ihn so bezeichnenden Mischung aus imponierender Vitalität und erschreckender Sterilität. Und damit hängt auch zusammen, daß seine erzählenden Arbeiten, ob sie sich nun wie Lehrstücke oder wie Fingerübungen ausnahmen, stets verzweifelten Kraftakten glichen.

Auch das *Fliehende Pferd* ist eine Parabel. Aber hat Walser die beiden hier im Mittelpunkt stehenden Figuren erfunden, um seine Geschichte vom zweifachen Scheitern erzählen zu können? Oder ist er von den beiden Charakteren ausgegangen und hat diese Geschichte erst aus ihnen entwickelt? Die Frage läßt sich nicht beantworten, sie ist gegenstandslos. Das aber bedeutet, daß diese Prosa lebt, daß die beiden zentralen Gestalten weder Schemen noch Marionetten sind und daß sich Walser endlich von der Abstraktion befreit hat. Dies ist um so bemerkenswerter, als dem Ganzen eine riskante Konstellation zugrunde liegt. Denn die beiden Herren, die einst Schulkameraden waren und die sich jetzt, zum ersten Mal nach dreiundzwanzig Jahren, während eines Urlaubs am Bodensee zufällig treffen und hier zusammen mit ihren Frauen einige Tage verbringen, sind als entgegengesetzte Typen konzipiert; ein so entschiedener und scharfer Kontrast wirkt jedoch in der Regel unwahrscheinlich und künstlich. Aber es ist heute wie eh und je: Wer gut erzählt, braucht die Künstlichkeit nicht zu fürchten, und er beglaubigt auch das Unwahrscheinliche.

Da haben wir also, zunächst und vor allem, den Oberstudienrat Helmut Halm, 46 Jahre alt, verheiratet und Vater von zwei Kindern. Er lehrt an einem Stuttgarter Gymnasium und ist ein nachdenklicher Mann voller Hemmungen und Skrupel, egozentrisch und grüblerisch, schwermütig und pessimistisch. Schon als Fünfzehnjähriger las er Nietzsche, schon als Zwanzigjähriger fürchtete er, wahnsinnig zu werden. Alles Unmittelbare ist ihm zuwider, er sucht Schutz in der Verstellung: »Je größer der Unterschied zwischen seinem Empfinden und seinem Gesichtsausdruck, desto größer sein Spaß. Nur wenn er ein anderer schien und ein anderer war, lebte er.« Er möchte sich zurückziehen, er möchte fliehen. Wohin? Mit »innigem Wohlgefallen« sieht er die Gitterstäbe vor den Fenstern der Ferienwohnung, die er seit Jahren regelmäßig mietet.

In seinem eigenen Häuschen, in Stuttgart, vermißt er Gitterstäbe.

Dieser Helmut Halm, der davon träumt, »seine wirkliche Person in Sicherheit zu bringen vor den Augen der Welt«, ist, hören wir, der Sohn eines Kellners. Aber ich habe den Verdacht, daß zu seinen Vorfahren auch jener düstere dänische Prinz gehört, den die deutschen Schriftsteller seit zweihundert Jahren lieben und in dem sie immer wieder das Urbild des Intellektuellen erkennen. Ja, natürlich, dieser Halm ist aus Hamlets Geschlecht.

Den meditierenden Studienrat konfrontiert Walser mit einer Gegenfigur, wie sie im Buche steht. Und der Mann heißt auch gleich Buch. Er verkörpert alles das, was dem einsamen und unglücklichen Halm abgeht: Er ist gesund und kräftig, zufrieden und unternehmungslustig, forsch und temperamentvoll. Während Halm den Boden unter seinen Füßen zu verlieren glaubt, steht Buch fest auf dieser Erde. Sie sind im selben Alter, während jedoch Halm sich als ein Experte im Vorbeischauen erweist, begegnet Buch dem Dasein frontal und offensiv: »Mein Gott, daß das Leben so schön sein kann, wer hätte das gedacht.« Während Halm beim Rotwein Trost sucht (»Jetzt trinken und versinken«), trinkt auch Buch nicht wenig, doch ausschließlich Mineralwasser. Halm wollte zwei Bücher schreiben, er arbeitet auch, wie seine Frau erwähnt, ununterbrochen, doch »komme nichts heraus dabei«. Buch, ein freiberuflicher Journalist, hat natürlich schon allerlei publiziert. Halm will mit der Umwelt möglichst wenig zu tun haben. Buch ist ein Spezialist für Umweltfragen. Der eine möchte die Gegenwart schon als Vergangenheit empfinden, der andere hingegen will die Vergangenheit um jeden Preis vergegenwärtigen.

Den einstigen Schulkameraden, der unerwartet und aufdringlich seinen Weg kreuzt, empfindet Halm als Ärgernis, als störende Herausforderung. Denn der Generationsgenosse macht ihm die eigene Misere bewußt: Angesichts des unermüdlich aktiven »Eß- und Seesportlers« fühlt sich Halm alt und verbraucht. Von weitem erinnert der schroffe Gegensatz an *Tonio Kröger* – und man muß wissen, daß Walser seit seiner Jugend in Thomas Mann verliebt und vernarrt ist und gerade diese Erzählung für eine der wichtigsten in unserem Jahrhundert hält, ja, sie sogar auswendig gelernt hat.

Wie Tonio Kröger klagt, ihm sei es nicht gegeben, »am Menschlichen teilzuhaben«, so fürchtet Helmut Halm, er habe »praktisch nicht gelebt«. Und wie Tonio Kröger seinen früheren Mitschüler Hans Hansen, den »Blauäugigen«, beneidet, weil dieser »das Leben in seiner verführerischen Banalität«, die »Wonnen der Gewöhnlichkeit« genießt, so kann sich auch Halm von dem Verdacht nicht befreien, daß Buch, von dessen primitiver Daseinsbejahung und provozierenden Selbstzufriedenheit er sich angewidert abwenden möchte, doch jenes Glück zuteil wird, das ihm entgangen ist.

Aber bei Walser ist es, anders als bei Thomas Mann, nur eine scheinbare Antithese. Denn Helmut Halm und Klaus Buch sitzen im selben Boot. Und das ist auch wörtlich gemeint. Nachdem die beiden zusammen mit ihren Frauen gemeinsame Mahlzeiten und Spaziergänge absolviert haben, schickt Walser die Männer, diesmal allein, auf eine

Segelpartie. Da stellt sich heraus, was der Leser schon ge-
ahnt hat: Dieser Buch spielt nur eine Rolle, auch er ist ein
unglücklicher Mensch, der fliehen möchte. Er gibt vor, den
anderen retten zu wollen, es sei »höchste Zeit, daß Helmut
aufhöre, dem Leben auszuweichen«. Wenn jeder allein
bleibe, müsse sich jeder »auf seine eigene miese Art durch-
schwindeln«, aber »wenn du mitkommst auf die Bahamas,
sind wir beide gerettet«. Und: »Wir sollten, bevor wir fünfzig sind, noch einmal vom Stapel laufen.«
  Der Plan ist lächerlich und verräterisch zugleich. Er
zeigt, wieviel die beiden, die so unterschiedlich scheinen,
doch miteinander gemein haben: Es sind zwei unreife und
bemitleidenswerte, dem Leben nicht gewachsene Intellek-
tuelle, für die als Lösung ihrer Schwierigkeiten immer nur
die Flucht in Betracht kommt. Beide leiden sie an dem Lei-
stungsanspruch unserer Epoche. Walser zeigt das (unter
anderem) am Beispiel des Sexuellen: »Wer den Sexuali-
tätsgeboten dieser Zeit und Gesellschaft nicht genügte« –
heißt es einmal –, »war praktisch ununterbrochen am
Pranger.« Ob Klaus Buch dem Druck der Öffentlichkeit
auf den einzelnen – also der Konvention und der Mode, der
Werbung und der Publikationen aller Art – nachgibt, oder
ob sich Helmut Halm diesem Anspruch beharrlich zu entziehen bemüht: Das Ergebnis ähnelt sich auf fatale Weise.
Denn beide sind sie verkümmerte, zur Selbstverwirklichung unfähige Individuen. Gerade das, worauf sie am
meisten stolz sind, fehlt ihnen ganz und gar: Unabhängig-
keit.
  Was sich im letzten Teil der Novelle abspielt, braucht
hier nicht wiedergegeben zu werden. Nur soviel: Nach

einem dramatischen Vorfall und einem etwas theatralisch geratenen Epilog trennen sich die beiden Ehepaare wortlos. Im Zug sitzt Halm »mit dem Rücken zur Fahrtrichtung«.

Das Vier-Personen-Spiel, in dem freilich die Frauen erheblich kleinere Rollen haben und auch weniger deutlich sind, mag an ein naturwissenschaftliches Experiment erinnern: Hier werden, könnte man annehmen, Menschen wie Versuchsobjekte ihren gegenseitigen Wirkungen ausgesetzt. Aber diese Prosa ist niemals kalt, ja, man kann ihr jene verführerische oder auch bezwingende Kraft nachrühmen, die wir bei Walser seit den *Ehen in Philippsburg* vermissen mußten. Er hat die Geschwätzigkeit überwunden und die Beredsamkeit wiedergewonnen. Selten wurde in der deutschen Literatur der Gegenwart die Alltagssprache der Intellektuellen so genau und so entlarvend eingefangen. Die Ökonomie, die einst Walsers schwächste Seite war, bewährt sich auch in der Anwendung der charakterisierenden Details: Sie signalisieren das Milieu, das er darstellen will, ohne dem Erzähler zugleich (und das war in Walsers früheren Büchern oft der Fall) die Sicht auf eben dieses Milieu zu verbauen. Ähnliches gilt für seine Psychologie: Hatte er einst nur einzelne Beobachtungen und Nahaufnahmen zu bieten, die isoliert blieben und also keine Porträts ergaben, so gelingen ihm jetzt zwei Hauptfiguren von großer Überzeugungskraft, beide übrigens mit Humor und Mitleid gezeichnet.

Was bleibt am Ende? Walsers Liebe gilt dem von des Gedankens Blässe angekränkelten, dem kleinen Hamlet aus der bundesdeutschen Provinz, aber er spielt weder

Halm gegen Buch noch Buch gegen Halm aus. Keiner siegt, beide sind sie im gleichen Maße Verlierer, eine Lösung wird nicht geboten. Die Novelle endet mit dem Satz, mit dem sie begonnen hat. Und wer ist eigentlich an der Misere der beiden Intellektuellen schuld? Der Walser von gestern hätte geantwortet: die Gesellschaft oder gar der Monopolkapitalismus. Der Autor des *Fliehenden Pferdes* hält sich, scheint es, an das immer noch beherzigenswerte Wort Ibsens: »Zu fragen bin ich da, nicht zu antworten.« In diesem Sinne mag die Novelle von Bescheidenheit zeugen, vielleicht sogar von einer gewissen Resignation. In der harten Kritik der deutschen Intellektuellen verbirgt sich auch Walsers Selbstkritik. Um noch einmal Ibsen zu zitieren: »Dichten heißt, Gerichtstag halten über sich selbst.«

Wie auch immer: Martin Walser hat offenbar nicht mehr den Ehrgeiz, mit der Dichtung die Welt zu verändern. Er will nur ein Stück dieser Welt zeigen. Mehr sollte man von der Literatur nicht verlangen.

1978

DAS ANATOMISCHE WUNDER

Martin Walser zu rühmen, bin ich bestellt. Martin Walser zu loben, bin ich, glaube ich, berechtigt und vielleicht sogar berufen – und nicht obwohl, sondern eben weil ich ihn oft auch getadelt habe. Unser täglich Lob gib uns heute – so lautet das heimliche Gebet der Schriftsteller und übrigens auch der Kritiker. Viele Arten des Hungers kennt man, und irgendwie und irgendwann läßt sich jeder stillen – auch der Hunger nach Liebe, nach Macht. Nur dieser nicht. Ja, es ist gerade umgekehrt: Je mehr man von der begehrten Speise bekommt, desto mehr ist man ihrer bedürftig: Je berühmter ein Schriftsteller, desto größer seine Gier nach Ruhm. Der Erfolgreiche will in der Regel noch erfolgreicher sein.

Vor dem alten Goethe verneigte sich die zivilisierte Menschheit. Als aber sein Roman *Die Wahlverwandtschaften* in einer kleinen Provinzzeitschrift, in dem *Morgenblatt für gebildete Stände*, respektvoll gewürdigt wurde, da hat Goethe, ungeachtet der Tatsache, daß das *Morgenblatt* bei seinem Verleger Cotta erschien, sich nicht geniert, auf eigene Kosten einen Sonderdruck dieser Kritik anfertigen zu lassen und ihn an seine Freunde zu verschicken: Alle sollten erfahren, daß man ihn lobt.

Thomas Mann war ebenfalls längst weltberühmt, und doch fürchtete er sich so sehr vor unfreundlichen Kritiken seiner Bücher, daß er seinen Verleger Bermann Fischer bat, ihm nur diejenigen zuzusenden, von denen anzunehmen sei, daß sie ihm nicht auf die Magennerven gehen

würden. Erreichte ihn dennoch eine ungünstige Rezension
– und sei es aus der kleinsten Provinzzeitung –, dann legte
er sich prompt ins Bett und ballte die Faust unter der
Bettdecke. Aus lobenden Kritiken hingegen kopierte er in
seinem Tagebuch ganze Abschnitte. Und waren keine
positiven da, dann notierte er, er habe von einem Leser aus
Afghanistan einen doch sehr netten Brief erhalten.[1]

Das Urbild aller Schriftsteller sei – sagt Martin Walser –
der ägyptische Hirte Psaphon. Denn er hat den Vögeln beigebracht, ihn zu preisen und zu besingen. Und Walser
weiß Bescheid: Er kennt die Zunft und also auch die Lä-
cherlichkeit und die Fragwürdigkeit der Schriftsteller und
der Kritiker.

In einem seiner schönsten Prosastücke, dem *Selbstpor-
trät als Kriminalroman*, einer Parabel, die sich, fast ver-
steckt, am Ende eines kleinen Bandes mit Aufsätzen und
Reden findet und dort wie ein sarkastisches, ein selbstkriti-
sches Fazit wirkt, erzählt er von einem, der »ein harmloses
Verbrechen« begangen hat. Wenn jemand auf dieses Verbrechen zu sprechen kommt, es mehr oder weniger freundlich erwähnt, reagiert er sofort überaus heftig, jedenfalls
unverhältnismäßig: Es gibt – schreibt Walser – »nur eine
Möglichkeit, ihn zu milderen Reaktionen zu bewegen:
man muß ihn hemmungslos loben für sein Verbrechen.
Man muß so tun, als sei man von seinem Verbrechen so
hingerissen, daß man nur noch stammeln könne. Erst
dann lächelt er … Während er so lächelt, bringt er zwar
zum Ausdruck, daß es ihm peinlich sei, so gelobt zu werden. Aber man sieht ihm an, daß ihm nichts in der Welt
lieber ist als diese Peinlichkeit.«[2]

Walser spottet, aber er spottet sanft und liebevoll. Er schreibt ironisch, doch vielleicht nur deshalb, weil die Geschichte von jenem, der auf das Lob angewiesen ist, ohne Ironie erzählt, allzu schamlos anmuten könnte. Was ist denn das, was wir, oft leichtsinnig, die Eitelkeit des Schriftstellers nennen? Wie, wenn es ein Zeichen vor allem seiner Empfindlichkeit wäre? Sollte etwa hinter dieser immer wieder beanstandeten und verlachten Eitelkeit ganz einfach die Unsicherheit des Künstlers stehen, die nur den kalten Routiniers fremd ist, jenen, die nie die ausgetretenen Pfade verlassen und also nie etwas riskieren wollen? Kann der Schriftsteller ohne Echo, ohne Anerkennung und ohne Lob überhaupt produzieren?

Über Mangel an Echo und an Kritik konnte sich Martin Walser noch nie beklagen. Im Gegenteil: Keines anderen deutschen Schriftstellers hat sich die literarische Öffentlichkeit mit ähnlicher Intensität angenommen. Gewiß, oft wurde er hart und vielleicht sogar unbarmherzig behandelt – ich weiß, wovon ich rede, denn auch ich habe dazu beigetragen –, aber nie ließ die Aufmerksamkeit der Kritik nach, keine seiner Niederlagen blieb etwa unbeachtet. Ja, die seine Arbeiten begutachteten, erinnerten bisweilen an geduldige, fürsorgliche Ärzte, die sich um das Bett eines Patienten scharen – und schon ihren Blicken ließ sich ablesen, daß es sich leider um einen höchst bedenklichen Fall handelt, der aber zugleich auch außerordentlich bemerkenswert ist und keineswegs hoffnungslos scheint.

So wurde Walser der deutschen Kritik liebstes Sorgenkind, ihr schwierigster Schützling. Ihm selber freilich ging diese hartnäckige Betreuung, diese freundliche Überwachung bald auf die Nerven. Aber er konnte und er kann nichts daran ändern. Denn dieses auffallende Interesse der Kritik ist kein Zufall – und es rührt auch nicht von einer Laune her oder gar von einer Grille. Es hat schon mit ihm zu tun, mit seiner Individualität, mit seiner Schreibweise.

Wie manche Frauen, die sich keineswegs anbieten, dennoch, ob sie es wollen oder nicht, wie ein ständiges Angebot durch die Welt gehen, so gibt es auch Schriftsteller – es sind die schlechtesten nicht –, die sich mit jedem ihrer Bücher, mit jedem Theaterstück oder Essay gleichsam nackt präsentieren, die sich immer aufs neue preisgeben und eben damit die Reaktion auf ihr Werk herausfordern und meist auch erleichtern. Unablässig liefert Walser der Kritik Stichworte und Argumente gegen sich selbst, er offeriert ihr weithin sichtbare Angriffsflächen. Er geht nie in Deckung, er arbeitet stets ohne Netz. Aber eine Achillesferse hat er nicht. Dieser Schriftsteller ist ein anatomisches Wunder – sein Körper besteht aus lauter Achillesfersen. Mit anderen Worten: Er ist überall verwundbar. Das mag seine größte Schwäche sein und zugleich seine größte Stärke. Das ist vielleicht sein Unglück, aber unser, seiner Leser, Glück. Denn Verwundbarkeit bedeutet hier Empfindlichkeit.

Doch ist Walser noch in einer anderen Hinsicht ein wunderlicher Kasus. Er stolpert häufig. Schon glaubt man, daß er fällt, daß er auf dem Boden liegt. Aber er steht – und immer höher. Meist sind es Niederlagen und halbe Fehlschläge, die seinen Lebensweg markieren. Indes: Er ist nicht nur ein anatomisches, sondern auch noch ein arithmetisches Wunder. Denn Walsers halbe Fehlschläge ergeben einen ganzen Sieg.

Während alle seine Dramen und fast alle seine Romane von der Kritik mit schöner Regelmäßigkeit als Symptome einer offenbar permanenten und unheilbaren Krise gedeutet werden, steigt er immer höher in der Hierarchie unserer Literatur: Er scheitert, und sein Ruhm wächst. Seine Mißerfolge haben ihn gleichsam unterderhand – und sehr zu Recht – zu einem Erfolgsautor gemacht. Seit seinem ersten Buch, dem Erzählungsband *Ein Flugzeug über dem Haus*, ist mehr als ein Vierteljahrhundert vergangen. Doch hat man ihn sehr lange als Anfänger apostrophiert: Man kann nicht wissen, womit er uns noch überraschen wird – trösteten sich die Freunde, hofften die Skeptiker. Längst ist er ein etablierter Schriftsteller, über den man Doktorarbeiten schreibt. Und immer noch ist er ein unberechenbarer Autor. Aber spricht das gegen oder spricht es vielleicht für ihn?

Nun gibt es in Walsers Werk auch gewisse konstante Elemente. Welche? »Wer den Dichter will verstehen, / Muß in Dichters Lande gehen« – lehrt Goethe. Und wer den Walser will verstehen, muß der in südlicher Richtung pilgern? Wohin? Nach Philippsburg oder nach Nußdorf am Bodensee? Den einen Ort, nämlich Philippsburg, den gibt es bestimmt, der ist seit 1957 – damals erschien der Roman *Ehen in Philippsburg* – eine Realität. Aber Nußdorf? Was ist denn das? Laufen da die Gänse und die Kühe quer über den Weg? Ich fürchte eher, daß es in diesem Nußdorf mehr Tankstellen als Nußbäume gibt.

Doch hat jeder Literat auch eine zweite Heimat, und

manch einer hat *nur* diese zweite Heimat. Ich meine die Literatur. Also: Wer den Dichter will verstehen, muß sich sein Bücherregal ansehen, jenes vor allem, auf dem er die Werke seiner Favoriten, seiner Lieblinge aufgestellt hat. Da stehen sie im Nußdorfer Haus friedlich nebeneinander: Franz Kafka und Marcel Proust und Robert Walser.

Auch die Nußdorfer Tankwarte wissen, daß dies sehr unterschiedliche Schriftsteller sind. Trotzdem haben sie etwas miteinander gemein. Robert Walser schrieb einmal knapp und klar: »Ich bin wie in einem Zentrum. Das Leben verdurstet; es lechzt nach mir.«[3] Ja, das ist es wohl: Diese Meister der Prosa unseres Jahrhunderts sehen unentwegt sich selber im Mittelpunkt der Welt, sie machen kein Hehl daraus, sie bekennen ganz offen, daß sie auf eine kaum zu überbietende Weise selbstbezogene, egozentrische Autoren sind. Für sie zerfällt die ganze Welt in zwei Teile: Ich und der Rest. Hier mag – natürlich neben anderen Umständen – jener gemeinsame Nenner sein, der Martin Walser gereizt und fasziniert hat.

Aber darf man sich selber so wichtig nehmen? Ist das denn zulässig? Man darf es nicht nur, man muß es wohl: Wer einem Schriftsteller Egozentrik vorwirft, der kann auch einer Striptease-Tänzerin Schamlosigkeit und Exhibitionismus verübeln. Mit anderen Worten: Die Selbstliebe gehört nun einmal zum Gewerbe. Nur wer sich selbst sehr ernst nimmt, der notiert, was er denkt und fühlt, was er sich vorstellt. Schreiben ist immer Selbstverständigung und Selbstverteidigung und letztlich mehr oder weniger unmittelbare Selbstdarstellung.

Erst aus dem Leiden an sich selbst kann Literatur entstehen. Und erst dieses Leiden ermöglicht das Mitleiden mit anderen Menschen – mit jenen in der Umwelt des Autors und mit jenen, die ihnen nachgebildet sind und die seine Bühne bevölkern. Wenn Martin Walser erklärt, daß es eben die Selbstbezogenheit ist, die den Schriftsteller charakterisiere, und daß die Selbstsucht bei ihm »eine nicht nur gestattete, sondern geradezu gehätschelte Produktionsbedingung«[4] sei – so spricht er auch und vor allem in eigener Sache.

Schon 1963 schlug er vor: »Schriftsteller als Verhaltensforscher. Gegenstand sind sie selber.« Woraus folgerte: »Der Held eines neuen Don Quichote hieße nicht mehr Don Quichote, sondern Cervantes.«[5] So ist auch Walsers treffende Formulierung, das Leben Kafkas habe sich in einer »von Prosaspiegeln umstellten Einzelkämpferarena«[6] abgespielt, insgeheim eine Selbstcharakteristik. Damit wiederum hängt beides zusammen – das Bruchstückhafte seines Werks und das Monologische. Keines seiner Bücher ist für ihn so repräsentativ wie etwa die *Tauben im Gras* für Wolfgang Koeppen oder *Die Blechtrommel* für Günter Grass. Walsers Romane und Erzählungen, Reden und Essays und sogar seine Theaterstücke – es sind allemal Fragmente, wenn auch umfangreiche wie *Das Einhorn* oder gar nahezu gigantische wie die *Halbzeit*. Zusammen ergeben sie eine lange, eine unvollendete und vielleicht auch unvollendbare Geschichte.

»Der Roman, woran ich weiter und weiter schreibe, bleibt immer derselbe und dürfte als ein mannigfaltig zerschnittenes oder zertrenntes Ich-Buch bezeichnet werden können.«[7] Das sagte Robert Walser, aber unser Martin

Walser zitiert es mit Sympathie, wenn nicht mit Zustimmung. Denn auch er schreibt an einem zerschnittenen oder zertrennten Ich-Buch. Es besteht aus Bruchstücken nicht etwa einer Konfession, sondern weit eher einer Diskussion. Der hier diskutiert, redet meist mit sich selber. Das erinnert bisweilen an Nestroys wunderbare Parodie der *Judith* von Hebbel: Holofernes sagt da, er möchte gerne sehen, »wer der Stärkere ist, ich oder ich«. So sind Walsers Bücher Monologe mit verteilten Rollen. Doch nicht zwei Seelen wohnen, ach! in seiner Brust – es sind drei oder vier, wenn nicht fünf.

Das könnte den Eindruck erwecken, als habe er – um einen Titel von Hesse zu zitieren – den *Weg nach innen* gewählt. Bewirkte das Monologische etwa eine weltfremd-intime Literatur, gar eine mit innerlichen Tönen? Nichts trifft weniger zu. Denn Walser, mit außergewöhnlicher Reizbarkeit begnadet und geschlagen, ist wie ein Medium, in dem sich vieles spiegelt und bricht. Er gleicht, könnte man vielleicht sagen, einer Äolsharfe, die der Wind der Zeit und der Zeitgeschichte immer aufs neue zum Klingen bringt. Wem dieses Bild allzu poetisch scheint, der stelle sich statt einer Harfe eine Antenne vor, eine hochempfindliche, die freilich nicht alle Wellen gleich gut empfangen kann.

Aber ob Harfe oder Antenne – passiv mutet es allemal an. Und eine nur passive Rolle konnte Walser nie genügen. Sein erstes Buch, 1955 erschienen, endet mit dem Satz: »Ich kann das nicht ändern.« Was natürlich heißen soll: Ich möchte es ändern, wenn ich es nur könnte. Doch war sein politisches Engagement in diesen Jahren eher zurückhaltend. Er war Antifaschist. Aber wer war das im damaligen Deutschland nicht? Er gehörte zu jenen, die zwar der bestehenden Ordnung in der Bundesrepublik Deutschland mißtrauten, ja sie mißbilligten, indes nicht sicher waren, wie eine neue Ordnung denn aussehen sollte. Gesellschaftliche Rezepte waren ihnen verdächtig und alle Dogmen verhaßt. Und in der Literatur? Natürlich strebten die Vertreter dieser Generation die moralische Wirkung der Literatur an. Nur waren es Moralisten ohne Kodex, Engagierte ohne Programm.

Die freischwebende Position, ganz ohne Bindung, war ihnen schließlich doch nicht recht. Der Sammelband *Alternative*, 1961 von Martin Walser herausgegeben, dokumentierte seine – und auch einiger anderer Schriftsteller – Hinwendung zur SPD. Das schien ihm damals die einzige politische Kraft, an die sich reale Hoffnungen knüpfen ließen. Mit der SPD wollte er sich wenigstens teilweise identifizieren. Aber es hat nicht sollen sein, vorerst jedenfalls nicht. Aus der kleinen Hoffnung wurde eine große Enttäuschung, nicht nur für Walser – mit dem Stichwort »Vietnam-Krieg« ist manches, ist vieles angedeutet.

Was tun? Schmollen oder gar resignieren? Das wollte Walser nicht, gerade jetzt, meinte er, müsse man zu wirken versuchen. Nicht im Tessin hatte er sich sein Haus gebaut, sondern am Bodensee, also am Rande der Bundesrepublik, doch noch innerhalb ihrer Grenzen. An ihrer Veränderung sollte weitergearbeitet werden, wenn auch eben vom Rande her – vom Rande des politischen Lebens. Dort gab es eine kleine Partei, die mit radikalen Rezepten aufwarten konnte und ein kühnes, ein umfassendes Programm anbot.

Mit einer universalen Ideologie schienen die Probleme dieser Welt lösbar – und dabei berief man sich noch auf große deutsche Denker, auf Marx und Engels und von weitem auch auf den preußischen Schwaben, auf Hegel.

Diese kleine Partei – halb zog sie ihn, halb sank er hin, doch war es keineswegs um ihn geschehn. Aus dem Flirt wurde ein Verhältnis, aber nicht eine Ehe: Er ist der kleinen Partei nie beigetreten. Schon die Liaison galt als anstößig genug. In ganz Deutschland sprach man darüber, selten nachsichtig, meist mit gerunzelter Stirn und mit drohend erhobenem Zeigefinger. Wieder einmal hatten sich die Ärzte um das Bett des Patienten Walser geschart, wieder schüttelten sie nachdenklich den Kopf. Allerlei hatte er in dieser Partei und ihren Kampf investiert, große Illusionen zumal. Nichts konnte ihn entmutigen: Er hielt wortgewaltige Reden, schrieb politische Artikel, erteilte provozierende Interviews. Manches kann man in seinem Buch *Wer ist ein Schriftsteller?* nachlesen – und es ist eine überaus belehrende Lektüre.

Aber Walser, von des Gedankens Blässe angekränkelt und von des Zweifels Bitterkeit beunruhigt, ist doch nicht der Typ des Propaganda-Redners oder gar des Agitators. Er eignet sich nicht, den Bannerschwinger zu machen. Hier hatte einer seine Rolle zu wechseln versucht. Ein Hamlet, verzweifelt, daß die Welt aus den Fugen zu geraten drohte, wollte sich als Fortinbras bewähren. Nein, das konnte nicht lange dauern. Bald wurde ihm von jenen, denen er sich angeschlossen hatte, vorgeworfen, er sei eben doch ein »kleinbürgerlicher Schwärmer«. Dies allerdings war gar nicht so falsch.

Natürlich ist Walser ein Kleinbürger – wie fast alle unsere Schriftsteller, wie Böll und Grass, Lenz und Rühm-
korf, Kunert und Sarah Kirsch. Der Adel und das Großbür-
gertum haben zur deutschen Literatur unserer Tage nur
sehr wenig beigetragen. Und ein Schwärmer? Das wäre ja
noch schöner, wenn den Dichtern nicht erlaubt wäre zu
schwärmen. Merkwürdig: Gerade jene, die unaufhörlich
die Vokabel »Utopie« gebrauchen und mißbrauchen, verurteilen Utopisten, wenn ihnen deren Vorstellungen nicht
ganz behagen. Und mit Utopie hatte Walsers politischer
Seitensprung, dieser schwierige Flirt, doch viel zu tun. Das
war, alles in allem, eine etwas traurige, keineswegs aber
eine tragische Geschichte. Sie mag bisweilen ein wenig komisch gewesen sein, doch lachen kann man über sie nicht.
Daraus ist geworden wie immer bei Walser: eine zeitkritische, eine erlebte Parabel, die noch geschrieben werden
will.

Aber wie war das eigentlich in diesen Jahren des inten-
siven und militanten Engagements um Walsers Liebe zu
seinen literarischen Favoriten bestellt? Man stelle es sich
einmal vor: Robert Walser leitet eine politische Kundge-
bung in Basel. Franz Kafka spricht auf dem Wenzelsplatz
zu dem Volk von Prag. Marcel Proust marschiert an der
Spitze einer Demonstration auf die Champs Elysées. Nein,
das mutet schon absurd an. Diese Schriftsteller waren so
sehr von den Schwierigkeiten mit sich selbst in Anspruch
genommen, daß sie weder Lust noch Zeit hatten, sich Gedanken über die Veränderung der Welt zu machen.

Natürlich behielten sie ihren Ehrenplatz auf dem Spe-
zialregal in Walsers Nußdorfer Hütte. Aber daneben stan-

den nun auch die Bücher eines, der auch nicht gern in Demonstrationszügen marschierte, doch immerhin schöne Lieder für die Marschierenden verfaßte: Bertolt Brecht. 1974 schrieb Walser, Brecht sei »ein Mitarbeiter an dem größten Projekt, das Menschen haben können: an der Geschichte«.[8] Der Schriftsteller, das wünschte Walser eindeutig, habe unbedingt an diesem Projekt mitzuarbeiten.

Und wie ist es mit Proust? Walser weiß sehr wohl, daß Proust – er schrieb es gerade jetzt in der *Neuen Rundschau* – fasziniert war von der Aristokratie, »wie der Verdurstende von einem grün gleißenden Moospolster, das aussieht, wie mit Wasser gefüllt«. Und er rühmt *Die Suche nach der verlorenen Zeit*: »Der Roman als die Geschichtsschreibung des Alltags, mein Traum, da war er realisiert. Die Leidenschaft für das Gesellschaftliche, weil es *die* Erscheinungsform des Geschichtlichen ist« – das eben bedeutet für ihn Proust.[9]

Vorsicht, hier wird ja gezaubert. Brecht und Proust – plötzlich sind sie vereint unter einem Hut: der eine arbeite an der Geschichte der Menschheit, der andere liebe das Gesellschaftliche und sei, die Geschichtsschreibung des Alltags liefernd, auch irgendwie an dem größten Projekt der Menschheit beteiligt. Was geht hier vor? Was verbindet denn die beiden, den Brecht und den Proust? Nur eins: die literarische Qualität. Und hier finden wir des Martin Walser schwächste Stelle: Er ist bestechlich, nämlich durch Qualität. Aber damit ist es wie mit seiner Verwundbarkeit: Auch diese Schwäche erweist sich letztlich als seine Stärke.

In der *Romantischen Schule* zitiert Heine den Anfang des *Ofterdingen* von Novalis, jene Sätze, wo von einem Jüngling die Rede ist, der sich nicht nach irgendwelchen Schätzen sehnt, sondern nach einer blauen Blume: »Sie liegt mir unaufhörlich im Sinne, und ich kann nichts anders dichten und denken.« Heine spricht von diesem Roman respektvoll, ja zärtlich. Doch vorher hatte er sich über Novalis eher skeptisch geäußert: Er schwebe »mit seinen idealischen Gebilden« immer in der blauen Luft. Das erinnert Heine an den Riesen Antäus, der stark blieb, »wenn er mit dem Fuße die Mutter Erde berührte« und der seine Kraft verlor, sobald ihn Herkules in die Höhe hob. So sei auch – sagt Heine – »der Dichter stark und gewaltig, so lange er den Boden der Wirklichkeit nicht verläßt, und er wird ohnmächtig, sobald er schwärmerisch in der blauen Luft umherschwebt«.[10]

Vor zwanzig Jahren hätte ich ohne zu zögern Heine zugestimmt. Auch heute meine ich, es sei gut, wenn der Dichter auf dem Boden der Wirklichkeit steht. Jetzt indes will es mir scheinen, daß man es nicht so streng verurteilen sollte, wenn er es sich mitunter erlaubt, ein wenig in der Luft umherzuschweben. Wer weiß, ob sich nicht unsere Wirklichkeit gelegentlich auch von dort ganz gut erkennen läßt. Und vielleicht sieht der, der auf den Boden zurückgekehrt ist, unsere Welt genauer und schärfer denn je. Wie auch immer: Gesucht wird die blaue Blume. Aber von wem rede ich denn jetzt? Von Heine? Oder von Martin Walser? Oder etwa von beiden zugleich?

1981

VOM STAMME JENER, WELCHE LIEBEN,
WENN SIE SCHREIBEN

Dieses Buch beginnt mit einer Unwahrheit. Dennoch kann man ihm Mangel an Ehrlichkeit oder auch nur Unaufrichtigkeit nicht vorwerfen. Es endet mit einem Kniefall. Indes besiegelt er nicht eine Niederlage, sondern einen schwer erkämpften Sieg. Das Ganze besteht aus essayistischen Arbeiten, aus Reden und Aufsätzen. Gleichwohl erinnert es an einen Novellenzyklus, dessen einzelne Stücke zwar von verschiedenen Personen erzählen, doch insgeheim einen gemeinsamen Helden haben. Es ist Martin Walser, der Autor dieser ungewöhnlichen *Liebeserklärungen.*

»Ich lese nicht zu meinem Vergnügen, ich suche weder Entspannung noch Ablenkung, noch andere Freuden dieser Art.« Wozu liest er also? »Ein Buch ist für mich eine Art Schaufel, mit der ich mich umgrabe.« Dann hören wir, daß ihm das Lesen – vorausgesetzt freilich, es handelt sich um »dieses Herumgraben in mir selbst« – oft doch Vergnügen bereite, ja sogar mehr Vergnügen als das Atmen.[1] Das alles mag aufschlußreich sein. Aber ich glaube davon kein Wort.

Was hier schon auf der ersten Seite des 1958 entstandenen Aufsatzes zum Thema Marcel Proust sichtbar wird, deutet fast auf ein Programm hin. Es hat mit Walsers (durchaus traditionellem) Bildungsweg zu tun: Er ist ein Zögling des deutschen Gymnasiums und der deutschen Universität und wäre beinahe ein Opfer der Germanistik von gestern geworden. Man hat ihm beigebracht, daß es sich nicht ziemt, Literatur zu genießen und in ihr »Entspannung« oder »Ablenkung« zu suchen – oder gar andere, nicht näher bezeichnete, aber offenbar noch verächtlichere Freuden.

Welchen edlen Zielen soll sie denn dienen? Dem Heil des Menschen, der Erlösung des Individuums? Thomas Mann, wahrlich kein leichtgewichtiger Autor und schon gar nicht einer, der geneigt war, die Bedeutung seines Werks zu unterschätzen, schrieb mitten im Zweiten Weltkrieg, in Beantwortung des Briefes eines Journalisten: »Ihre letzte Frage nach dem ›eigentlichen Ziel‹ meiner Arbeit ist am schwersten zu beantworten. Ich sage einfach: *Freude*.«[2] Und Brecht hat sich nicht gescheut, ausdrücklich zu erklären, es sei das Geschäft des Theaters, der Literatur und aller anderen Künste, »die Leute zu unterhalten«.[3] Beide, Thomas Mann und Brecht, wußten sehr wohl, daß sie damit bloß aussprachen, was sich überall von selber versteht – nur nicht in Deutschland.

Wenn sich der junge Walser in die Romane Prousts vertiefte, so nicht deshalb, weil er, wie er uns einreden möchte, dringend eine Schaufel für Intimzwecke benötigte, sondern weil er sich nach Freude und Genuß sehnte, nach Unterhaltung. Es gibt nicht den geringsten Grund, sich dieser Sehnsucht zu schämen. Tatsächlich bekennt sich Walser zu ihr und ganz ohne Reue – da nämlich, wo er über Schiller und Hölderlin nachdenkt. Denn auf sie war er schon als Halbwüchsiger gestoßen und durfte noch, was der Absolvent der Germanistik glaubte, bestreiten zu müssen: zu seinem Vergnügen lesen. Dies alles wäre schwerlich der Erwähnung wert, wenn es nicht, sogleich am

Anfang, auf einen der zentralen Aspekte des ganzen Bandes verwiese. Was sich hier abspielt, ist ein langwieriger
und keineswegs geradlinig verlaufender Emanzipations-
prozeß: Walsers teils schüchterner und zögernder, teils
rebellischer und stürmischer Versuch, der akademischen
Erziehung zu entkommen und einen eigenen Weg, einen
individuellen Zugang zur Literatur zu finden. Die Verwir-
rungen des Zöglings Walser oder der Kampf mit den Eier-
schalen – das ist eines der Leitmotive dieses Buches.

Doch nichts wäre falscher als die Vermutung, die hier
vereinten Arbeiten seien von des Gedankens Blässe angekränkelt. Das Gegenteil trifft zu: Während Walsers Geschichten mitunter vom Gespenst der Abstraktion bedroht
werden und sich nicht immer von Sterilität freisprechen
lassen, sind diese Aufsätze und Reden von wohltuender
Konkretheit und zeugen von außerordentlicher Vitalität,
mehr, von geradezu jugendlicher Leidenschaft. Was man
der Tübinger Germanistik um 1950 auch vorwerfen mag,
Walsers Verhältnis zur Literatur hat sie, man kann dessen
sicher sein, keineswegs getrübt. Diese Porträts großer
Schriftsteller stammen aus der Feder eines dankbaren
Enthusiasten. Und seine Begeisterung wirkt ansteckend,
obwohl ihm daran nicht sonderlich gelegen scheint. Ein
anderes, ein gleichsam privates Ziel ist ihm offenbar wichtiger: Er will sich der Gegenstände seiner Betrachtung ver-
gewissern und bemächtigen. Er möchte von ihnen Besitz
ergreifen.

Walsers essayistische Arbeiten sind also nicht etwa Plädoyers, sondern – ähnlich wie seine Geschichten – Konfes-
sionen eines Betroffenen, um nicht zu sagen: eines Getrof-

fenen. Aber anders als die Geschichten, denen der Segen des Eros versagt bleibt, sind dies Dokumente, deren innere Spannung auf unverkennbare Weise eben erotischer Art ist: Der hier zu Worte kommt, gehört zum Geschlecht der Liebenden. Sein Band bietet, was der Titel verspricht – Liebeserklärungen. Damit mag es auch zusammenhängen, daß diesen Prosastücken, die doch meist als Reden konzipiert wurden und einen unmittelbaren Adressaten hatten, der Appellcharakter gänzlich abgeht. Will Walser das Publikum überzeugen? Nicht unbedingt und nur gelegentlich. Seine Reden sind Monologe. Aber dieser Monologist ist so sehr mit seinem Objekt und zugleich mit sich selber beschäftigt, daß er keinen Gedanken an uns verschwenden kann; wir sollen froh sein, daß wir überhaupt zuhören dürfen. An den Höhepunkten wird der Leser zum intellektuellen Voyeur und zum Zeugen eines aufregenden Schauspiels.

Daß Walsers öffentliche Selbstgespräche von unterschiedlicher Qualität sind, liegt in der Natur der Sache – Essayismus und Perfektion vertragen sich schlecht. Schließlich war es immer schon das Vorrecht dieser Gattung, an die Stelle von Behauptungen Fragen zu setzen und nicht mit Ergebnissen aufzuwarten, sondern mit Vorschlägen: Vom Endgültigen will also der Essay nichts wissen, sein Element ist das Provisorische, das sich freilich im Glücksfall als äußerst dauerhaft erweisen kann. Nein, vollkommen sind diese Arbeiten nicht. Doch in jeder ist Martin Walser vollkommen zu finden – mit seiner stets aufs neue verblüffenden Reizbarkeit und seiner unerschöpflichen Lust an der Verehrung, mit seiner unruhigen Liebe

zur Literatur, einer Sehnsucht, die zur Sucht, einer Pas-
sion, die zur Obsession wurde.

Aber wenn man einen Dichter liebt – schreibt Martin
Walser –, werde man gerade durch diese Zuneigung ein
bißchen unfähig, anderen zu sagen, warum man eigentlich
von ihm so begeistert sei. Seine Rede auf Robert Walser beginnt er mit einer Äußerung Albin Zollingers: Für ihn ist
sein großer Schweizer Landsmann »so über alle Beschreibung wundervoll«, daß er »mit mehr Vernunft nicht von
ihm zu schreiben vermag«.[4] Daß dieses Eingeständnis
eher gegen Zollinger spricht als für den von ihm Gepriese-
nen, spürt Martin Walser sehr wohl – er möchte Superla-
tive und jedes stilistische Seufzen vermeiden, er will nicht
mehr vor lauter Begeisterung die Hände über dem Kopf
zusammenschlagen.

Auch andere Bewunderer Robert Walsers kritisiert er:
Weder Kafka noch Walter Benjamin seien imstande gewesen, »das Hirtenbüebli zu durchschauen«, und Benjamin
habe sogar »mit seinem bewundernden Raunen von den
rätselhaften Qualitäten« Robert Walsers »eher das Kultur-
gerücht vom Naivlingspoeten genährt als dessen Poetik
faßbar gemacht«.[5] Nun muß man schon dankbar sein,
wenn einer wahrnimmt, daß Benjamin (oft auf unerträg-
liche Weise) zu raunen pflegte; und es mag auch zutreffen,
daß beide, Kafka und Benjamin, dem »Raffinement« Robert Walsers nicht gewachsen waren. Nur stellt sich die
Frage, ob denn Martin Walser uns diese Poetik faßbar machen und dieses Raffinement erklären kann.

Er geht, wie das seine Art ist (und ich habe dafür viel
Sympathie), gleich aufs Ganze: Robert Walser sei mit

Shakespeare, Mozart und Schubert verglichen worden, er habe mit Cervantes, Stendhal und Dostojewski gewetteifert. Billiger macht es unser Walser nicht. Nun gut, aber warum ist denn diese Prosa (was auch ich meine) so wunderbar? Martin Walser bemerkt hierzu allerlei, und es ist, wie jede Seite seines Buches, höchst lesenswert. Aber es überzeugt mich nicht. Da schreibt er: »Robert Walser wollte lernen, auf jeden Himmel zu verzichten, um eines noch höheren Himmels würdig zu werden, auf den er dann natürlich auch verzichten würde, um eines noch höheren Himmels willen ... das hieß in Wirklichkeit: Verzicht auf Himmel überhaupt ...«[6] Wo soviel vom Himmel die Rede ist und es doch recht dunkel bleibt – da ist, fürchte ich, etwas nicht in Ordnung.

Wenn Martin Walser glaubt, »daß man diesem Autor gegenüber nie einen festen Punkt erreichen darf, weil er selber auch keinen solchen erreichte«[7] – dann nähert sich meine Verwunderung der Ratlosigkeit. Denn gerade einem Schriftsteller gegenüber, der keinen festen Punkt erreichen wollte oder konnte, sollte man, will man ihn wirklich ernst nehmen und nicht nur als herrliche und unübertreffliche Kuriosität besingen, einen möglichst festen Punkt anstreben. Oder hält Martin Walser, gleich dem von ihm zitierten Zollinger, die Vernunft für eine in Sachen Robert Walser entbehrliche oder ungeeignete Kategorie?

Daß dem Essayisten ein unkritisches, gar schwärmerisches Verhältnis zum jeweiligen Objekt nicht gut ansteht, ihm jedenfalls nicht den fruchtbarsten Zugang eröffnet, zeigen auch die beiden Arbeiten Walsers über Hölderlin. Die erste, schon 1960 geschrieben, macht dessen Gedichte zum Vehikel privater Erinnerung. Es ist ein rührendes und schönes Prosastück, das vom Knaben Walser erzählt, der den Versen Hölderlins ausgeliefert war – »wie einer, der Hunger hat, der mit dem Finger nach dem Essen greift, weil er nicht versteht, wozu das Besteck gut sein soll. Später wird einem allzuviel Besteck angeboten«.[8] Allzuviel? Offensichtlich sehnte sich Walser nach jener Zeit zurück, da es ihm möglich war, »Literatur mit Haut und Haaren einfach zu konsumieren, ohne daran zu denken, was daraus wird«.[9] Dagegen ist nichts einzuwenden, auch nichts gegen den (fast schon traditionellen) Protest des jungen Germanisten gegen die germanistische Behandlung, ja Mißhandlung der Poesie. Nur frage ich mich, ob sich in Walsers zartem Rückblick nicht noch mehr verbirgt. Die Antwort finde ich in seiner Hölderlin-Rede von 1970.

Zu den Lieblingen seiner Jugend zurückkehrend, hat er stets Neues, auch Wichtiges mitzuteilen. Aber sein Verhältnis zu ihnen ändert sich nicht: Walser ist und bleibt ein Adorant, also einer, wenn ich einmal das Duden-Fremdwörterbuch zitieren darf, der »mit erhobenen Händen Gott anbetet oder einen Heiligen verehrt«. So schreibt er 1970 über Hölderlin nahezu im selben Tonfall wie 1960: »Wer möchte nicht lange dasitzen und nichts tun, als in immer neuem Anlauf sich vorzusagen: ›Versöhnender, der du nimmer geglaubt / Nun da bist …‹ Ein luxuriöses Leben könnte man verbringen mit dem Hin- und Herbeten solcher Sätze wie ›Göttliches trifft Urteilnehmende nicht …‹ «

Ich kann da nicht mitmachen, mir scheint die schwächste Taschenlampe immer noch nützlicher als die wundervollste Aureole, ich bin gegen die Anbetung von Dichtern, ja sogar von Dichterinnen. Denn sie ist – und wer wollte dies ernsthaft bestreiten? – der nüchternen und prüfenden Betrachtung der Literatur eben nicht bekömmlich. Indes: Genau wissend, daß die Poesie seines genialen Schützlings am allerwenigsten den kritischen Blick zu fürchten braucht, warnt Walser gleichwohl vor dem »Versuch, diesen Dichter durch mehr als das dankbare Gefühl zu verstehen«, da ein solcher Versuch »von zuwenig oder zuviel Unmittelbarkeit« gefährdet sei.[10]

Werden hier dem Irrationalismus Tür und Tor geöffnet? Sollte gar der gelegentliche Meuterer gegen das germanistische Seminar von gestern insgeheim auch dessen unfreiwilliger Erbe sein? Er zitiert den *Hyperion* (»Und, wie die Vergangenheit, öffnete sich die Pforte der Zukunft in mir«) und dekretiert nicht ohne Pathos: »Jeder, der mehr von Vergangenheit und Zukunft als von Gegenwart lebt, ist ein Dichter.«[11] Wirklich? Reicht das schon aus? Nein, diese waghalsige Definition, so dunkel wie feierlich, genügt mir nicht – und sie scheint mir typisch für jene unheilvolle Mystifizierung und Mythologisierung des Dichters, als deren bevorzugte Inspirationsquelle Hölderlin, der gescheiterte Jüngling und der umnachtete Seher, herhalten mußte.

Walser selber hat es nicht nötig, eine so dubiose Deutung des Begriffs »Dichter« für sich in Anspruch zu nehmen. Wie immer sein Verhältnis zur unmittelbaren Gegenwart auch war – nie hat er versucht, sie zu ignorieren. Auch nicht in dieser Hölderlin-Rede. Ihrem Schlußteil ist deutlich, allzu deutlich anzumerken, wann sie geschrieben wurde. Da heißt es plötzlich, der Dichter sei »nur eine Prozeßfigur« und der »gesellschaftliche Teil in dieser

Vermittlungsbewegung«, womit die Vermittlung zwischen
Vergangenheit und Zukunft gemeint ist. Während Hölderlin sich dessen bewußt war, »daß man in diesem Ent-
scheidungsprozeß nicht neutral sein« könne, glauben wir,
behauptet Walser, es sei möglich, ihn zu überlisten: »Zwei
Parteien rotieren bewegungslos ... Dabei ist das Entgegengesetzte, der Sozialismus, innerhalb der deutschen
Tür.«[12]

Ja, das hat er tatsächlich 1970 geschrieben, tatsächlich
kannte er damals keine Hemmungen, den Sozialismus mit
der DDR zu identifizieren. Aber mit Hölderlin hat das
schon nichts mehr zu tun, das gehört zum Thema »1968
und die Folgen« und ist ein Stück der Biographie, der Vergangenheit Martin Walsers. Übrigens: Daß er diese Passage jetzt weder gestrichen noch korrigiert hat, das spricht
nicht gegen, sondern nur für ihn.

Doch bin ich keineswegs sicher, ob man es ohne Widerspruch hinnehmen sollte, daß Walser sich noch 1981 strikt
weigert, Brecht seinen »Parteidienst« vorzuwerfen: Jeder
könne ja nachlesen, »was für eine radikaldemokratische
Vorstellung er von der Partei hatte«. Ei freilich, nur gab es
da zwischen Vorstellung und Wirklichkeit jenen harten
Gegensatz, der Brecht veranlaßte, sich solide Scheuklap-
pen zu verfertigen: Der vorgab, die Realität verändern
zu wollen, fürchtete sich, die Realität kennenzulernen,
weil sie ihn vielleicht gezwungen hätte, seine Anschauun-
gen zu verändern und auf manche Privilegien zu verzichten.

Brechts Stellung zu Dogmatismus und Zentralismus sei
– meint Walser – »ein schöner Studiengegenstand«. Sehr

richtig, nur will er sich dieses Gegenstands leider nicht annehmen, zieht es statt dessen vor, alles, was Brecht über die
Partei gedichtet hat, mit dem Etikett »Geistliche Gedichte« zu versehen: »Die fallen nun einmal in jedem Jahrhundert anders aus.«[14] Und so ist alles wieder einmal in
Ordnung. Schließlich fragt Walser, ob man aus »so einem
schönen Leben« etwas lernen könne. Er antwortet diplomatisch: »So viel wie aus Heiligenlegenden. Man kann
sich freuen daran.«[15] Ich meine: Wenn man es nicht retuschiert und in eine Heiligenlegende umfunktioniert, kann
man aus Brechts Leben schon sehr viel lernen.

Aber warum will er den großen Brecht unbedingt in
einem so mild-barmherzigen Licht sehen? Wohl deshalb,
weil er selber, wie den Lesern seiner Romane seit vielen
Jahren bekannt ist, an jenem »Mitleidsknacks« leidet, den
er (sehr zu Recht) Brecht bescheinigt. Weil auch Walser
»ein großes Mitleidsunternehmen«[16] verwaltet. Bei Büchner, schreibt er, sei jeder »ein armer Hund«. Gilt das für
den Autor der *Liebeserklärungen* etwa nicht? Er hat eine
Schwäche für die Zerrissenen und Getriebenen, für die
Verzweifelten und die Scheiternden. Opfer sind sie in seinen Augen allemal: Schiller und Hölderlin, Büchner und
Heine, Kafka, Brecht und Robert Walser. Und Kleist? Daß
Martin Walser sich (leider) in ihn noch nicht verliebt hat,
kann ich mir nur damit erklären, daß vom Bodensee her
Preußens größter Dichter exotisch oder zumindest fremd
anmutet.

Doch haben die von Walser porträtierten Genies noch
mehr miteinander gemein. Wer aufmerksam liest, wird
feststellen können, daß ihm bei Jonathan Swift, dem Wal-

ser 1965 einen streitbaren und geistreichen Essay gewidmet hat, Eigentümlichkeiten auffallen, die sich auch
bei Hölderlin bemerkbar machen. Hölderlin zitierend, ruft
er ganz ungeniert aus: »Das ist Kafka ...« Robert Walser
erinnert ihn ebenfalls an Kafka und, wie könnte es anders
sein, an Hölderlin. Alle gehören sie derselben erlauchten
Familie an, in jedem erkennt er eine brüderliche Seele,
jeder ähnelt ihm ein ganz klein wenig – und dies mag auch
der Grund sein, daß er sie immer wieder so aufrichtig be-
dauert und beklagt. Schon in seinem Roman *Halbzeit* hatte
der junge Martin Walser geschrieben: »Es gibt keine
Grenzen der Nachsicht mit sich selbst.«

Natürlich leiden alle seine dichtenden Helden an der
Lieblosigkeit der Menschen. Er geht sogar so weit, Hölderlins Geisteskrankheit nur dessen Umwelt zur Last zu legen. Mindestens bis 1802 – er kennt da keine Zweifel –
hätte diese Krankheit gehemmt, wenn nicht gar geheilt
werden können. Wie denn das? »Grob gesagt: durch
Liebe. Auch in der Form der öffentlichen Anerkennung.«[17] Da haben wir's: freundlichere Verleger, klügere
Kritiker und ein besseres Publikum – und schon wäre Hölderlin gesund geblieben oder gesund geworden. Bewun-
dernswert ist immerhin, mit welcher Kühnheit der Schriftsteller Walser psychiatrische Diagnosen zu stellen vermag.

Aber womit er sich auch beschäftigt und was er auch zu
sagen hat – verblüffend bleibt, wie sehr er der Literatur
verfallen und also auf sie angewiesen ist. Die Faszination,
mit der wir es hier zu tun haben, nähert sich schon einer
edlen Besessenheit. Das jedoch paßt nicht ins Bild. Denn
Walser hat eine Heimat, weiß dieses Glück zu schätzen

und kommt darauf oft zu sprechen: Er braucht keine Sur-
rogate, er hat es nicht nötig, die Literatur zu seiner Heimat
zu erheben. Walser würde antworten – und in der Schiller-
Rede gibt er derartiges zu verstehen –, bei ihm ginge beides
(das Verhältnis zur Literatur und zur Heimat) Hand in
Hand, das eine werde durch das andere bedingt. Ich hingegen kann den Verdacht nicht unterdrücken, daß er die
Literatur liebt, wie es sonst nur die Heimatlosen tun.
Jedenfalls ist es gerade ihm gelungen, jenen zu durchschauen, der von einer Heimat, einem Vaterland ein Leben
lang nur träumen konnte: Heinrich Heine.

Walser sieht Heine zunächst und vor allem als Literaten,
dem es am liebsten gewesen wäre, »wenn er sich, unbehel-
ligt von Judentum und Christentum, als Dichter hätte erproben dürfen«. Dies indes wollte seine deutsche Umwelt
nicht zulassen. Anders als viele (leichtfertige) Heine-Inter-
preten denkt Walser nicht daran, dessen Übertritt zum
Christentum zu bagatellisieren: Die Tauf-Prozedur sei
ihm »alles andere als eine Erfrischung im Sommer plus
Mimikry-Training« gewesen. Denn er habe »zwar nichts
bekommen, aber er hat etwas verloren«.[18] Der christliche
Staat habe von ihm einen Verrat gefordert, den er beging
und dem er sich doch – Walser legt dies einleuchtend dar –
konsequent widersetzte. Wozu das geführt hat, drückt er in
einer meisterhaften Sentenz aus: »Heine brachte es in seinem Leben zu zwei Identitäten: zu der eines deutschen
Dichters und zu der eines Juden. Aber zwei Identitäten, das
ist weniger als eine.«[19]

Und was bedeutet dies für die Literatur? »Wer glaubt
das Seine zu haben, der läßt gelten, was ihn gelten läßt.

Wem die erste Geltung, daß man irgendwo dazugehört, so bestritten wurde wie Heine, der läßt dann nichts mehr einfach gelten. Auch nicht die eigene Empfindung.«[20] Leidenserfahrung habe bei Heine »die Bildung von Klassik-Oropax« verhindert und die daraus folgende Arbeitsteilung in Kunst und Politik. Aus der zentralen Verlegenheit, »wesenhaft zwei Nationen anzugehören, die so unglücklich-glücklich ineinander verwachsen waren, gewann er seinen Ton, den Heine-Ton, diese Simultaneität von Tränen und Gelächter«.[21] Thomas Mann hat einmal in einem Vortrag gesagt: »Belächeln Sie nicht meine Neigung zum Zitieren! Auch das Zitieren ist eine Form der Dankbarkeit.«[22]

Am Ende der Heine-Rede meint Walser, Rührung sei der Anwalt, der den Prozeß verliert. Eine treffende Bemerkung, nur an falscher Stelle. Denn in dem Prozeß in Sachen Heine hat Walser glanzvoll gesiegt. Dank der Rührung oder trotz der Rührung? Ich glaube, es war anders: Heine hat er, im Unterschied zu einigen anderen hier Porträtierten, gar nicht sonderlich geliebt. Er hat sich in ihn erst während der Arbeit an dieser Rede verliebt. Vielleicht ist ein frisches Verliebtsein eine bessere Voraussetzung für eine Liebeserklärung als eine noch von der Jugend herrührende Zuneigung.

Bei Walsers Verhältnis zu Goethe (ihm ist die neueste und letzte Rede dieses Bandes gewidmet) kann von Rührung nicht die Rede sein. Nicht als eine Person, sondern als Institution habe er Goethe stets empfunden. Schuld daran seien »die Goethe-Heger und -Pfleger«, also die Germanisten. Noch einmal rebelliert der Zögling des Tübinger Seminars, zumal gegen jene »Goethe-Verklemmung, die entsteht durch Verehrung nach Vorschrift«. Er macht sich selber Mut zur Ketzerei (»Mehr persönliche Reaktion, und sei sie frevelhaft. Wer mit ihm streitet, dem lebt er wenigstens ...«[23]) und fragt, ob er es denn verschweigen oder verklären müsse, daß der Minister Goethe dem Professor Fichte Berufsverbot erteilt habe – wegen Atheismus.

Weiß denn Walser nicht, daß dieser Umstand schon unzählige Male entdeckt wurde, ohne jemanden (außer Goethe) in Verruf zu bringen? Nicht der geringste Mut ist nötig, um heutzutage in Deutschland schlecht über Goethe zu reden. Es verhält sich eher umgekehrt: Wer darauf hinweist, daß Goethe ein gar nicht so übler Dichter sei und daß es sich immer noch lohne, ihn zu lesen, der wird bei uns in der Regel denunziert als einer, der hinter dem Mond lebe. 1970 hatte Walser geschrieben, man könne Hölderlin nicht rühmen, ohne den Weimarer Goethe zu schmähen. Auch jetzt versucht er, gegen ihn zu wettern: Er sei ein »Ausgewogenheitsklassiker« und »unser größtes Kaufhaus«, in dem sich jedermann bedienen könne; von einer »Harmonisierungsanlage« hören wir, deren Zahnräder auf das glimpflichste ineinandergreifen. Dann wird Goethe in die Nachbarschaft Karl Mays gerückt; nun mag es schon sein, daß »die Lösung à la Iphigenie« manches gemein hat mit jener »à la Winnetou«.[24] Nur scheint mir der Stilunterschied zwischen den beiden Autoren jeglichem Vergleich den Boden zu entziehen.

Aber alle diese Seitenhiebe sind etwas schlapp. Man hat den Eindruck, es handle sich nur noch um Pflichtleistungen, die sehr bald ganz anderen Akzenten Platz machen.

Walser spricht von der Unerträglichkeit der bloßen menschlichen Existenz und von der Angst vor dieser Unerträglichkeit. Goethes Gegengewicht heiße Schönheit, heiße Kunst. Daß er der Not seiner Zeit dieses »Angstprodukt« entgegengehalten habe, beginnt unserem Walser zu gefallen, wenn nicht gar zu imponieren. Widerwillig gibt er zu: »Goethes vorsätzliche Güte zieht mich an.« Der einst, 1970, höhnte, dieser Olympier habe »zum leichteren gesellschaftlichen Gebrauch unabhängigen Sinn in regelmäßige Hebungen und Senkungen verwandelt«, schlägt nun ganz andere Töne an: Goethe habe darauf gesetzt, »daß etwas Schönes, Gutes – und sei es reines Produkt – Besseres bewirke als die Nachgiebigkeit gegenüber dem infam Vorhandenen«. Mehr noch: Walser spürt jetzt, daß »dieses schöne Goethe-Gut Aufrichtungskraft oder Heilkraft«[25] haben kann oder könnte. Er ist, zeigt sich abermals, doch bestechlich – nämlich durch Qualität.

Hat er nun den seit Jahrzenten hartnäckig Bekämpften bloß richtig verstanden oder hat er sich gar in ihn verliebt? Oder bedingt das eine das andere? Hier wird es am deutlichsten: Walser ist, wenn ich Heine paraphrasieren darf, vom Geschlecht jener, welche lieben, wenn sie schreiben. Im Fazit heißt es dann: »Man muß nur hindenken zu ihm; eins erfährt man immer: wie Goethe sich sträubt gegen Sinnlosigkeit. Wie schön er sich sträubt. Schon das ist sinnvoll. Etwas Schönes ist überhaupt sinnvoll.« So wird er als Vorbild anerkannt: Man muß nur hindenken zu ihm. Dies aber ist nichts anderes als ein Kniefall Walsers vor dem einst verhaßten Erzfeind, vor den Idealen der noch unlängst verspotteten »Klassikfirma«. Von seinem Ende her

gesehen, dokumentiert das ganze Buch eine folgerichtige
Entwicklung, die schließlich zu Goethe und zu der Anerkennung der Schönheit geführt hat.

Zugleich darf die Goethe-Rede als entschiedene Ab-
wendung verstanden werden – nämlich von jener für viele
unserer Schriftsteller in den späten sechziger Jahren at-
traktiven Ästhetik, die Günter Grass formuliert hatte:
»Alles Schöne ist schief.«[26] Nun also: Kunst und Schönheit
als Gegengewicht zu der uns umgebenden Welt, als Möglichkeit, sich der Angst, der Unerträglichkeit unserer Existenz zu widersetzen. Derartiges läßt uns hoffen. Für Walsers weiteres Werk? Das auf jeden Fall. Aber vielleicht verbirgt sich in seiner Goethe-Rede mehr als das Bekenntnis
eines einzelnen Autors. Vielleicht kommt ihr der Rang
eines Zeitsymptoms zu, genauer: eines literarhistorischen
Signals.

Wie auch immer: Vor einem Vierteljahrhundert schrieb
der junge Walser, er würde, wenn Prousts Romanzyklus
ein Industrieartikel wäre, den Slogan empfehlen: »Proust-
Leser sind im Vorteil.«[27] Auch ich möchte jetzt einen
Slogan empfehlen: Die Leser der *Liebeserklärungen* Martin Walsers haben mehr von der Literatur. Und also vom
Leben.

1983

WER WENIGER LIEBT, IST ÜBERLEGEN

Er plauscht und plaudert unbeirrt, er schwatzt und schwa-
felt unermüdlich. Das Plappern ist sein Element und sein
wichtigstes Ausdrucksmittel. Ja, plappernd hat er, unser
lieber Martin Walser, seinen Weg gemacht: Er, der »hem-
mungsloseste Monologist« – so äußert er sich über eine
seiner Figuren –, ist Deutschlands gescheiteste Plauder-
tasche. Mehr noch: Plappernd wurde er einer der erfolg-
reichsten deutschen Romanciers, der intelligentesten Essayisten, der scharfsinnigsten Bürger dieses Landes und
der originellsten Intellektuellen weit und breit. Viele Su-
perlative? Schon wahr, aber ich meine das wirklich ernst,
ich bewundere Martin Walser aufrichtig und ganz ohne
Ironie.

In seinen leider oft unbarmherzig langen Romanen
kommen zahlreiche Personen vor. Sie lassen sich in zwei
Gruppen einteilen: Die einen sind wortkarg oder gar
schweigsam und in der Regel ziemlich langweilig. Die anderen aber, ob jung oder alt, ob weiblich oder männlich, ob
Sieger oder Unterlegene – sie quatschen und quasseln fortwährend. Aber ich ziehe sie vor, weil sie ergiebiger sind:
Während man bei jenen gähnen muß, kann man sich über
diese wenigstens ärgern und bisweilen auch amüsieren:
Ihnen, den Plappermäulern in diesem Universum, verdankt selbiges seine Anziehungskraft.

So war es bei Walser von Anfang an. Wer sein Werk
kennt – und ich weiß, wovon ich rede, ich begleite ihn auf

seinem mit vielen Niederlagen gepflasterten und gleichwohl ruhmreichen Leidensweg seit, sage und schreibe,
36 Jahren –, wer also an seiner Prosa ein Leben lang gelit-
ten hat und dabei manchmal sogar glücklich war, der muß
sich immer wieder wundern, wie hartnäckig sich dieser
Autor wiederholt. Gewiß, er wechselt oft die Themen, zumal er das löbliche Bedürfnis hat, sich auch um Aktuelles
zu kümmern. Und vieles muß sich schon deshalb ändern,
weil Walsers Bekannte, Freunde und Familienangehö-
rige, von deren Existenz er als Erzähler reichlich profitiert
– dagegen ist nichts einzuwenden und darüber noch weniger mitzuteilen –, allmählich älter werden und sich entsprechend ändern.

Doch unverändert bleiben seine Ausdrucksmittel: In allen seinen Büchern fallen die gleichen Schwächen auf und
die gleichen Vorzüge. Man kann das auch freundlicher sagen: Walser hat gleich – wohl schon 1957 in den *Ehen in
Philippsburg*, spätestens 1960 in der *Halbzeit* – seinen Stil
und seine schriftstellerische Eigenart gefunden; und er
ist ihnen bis heute treu geblieben. Die logische Folge: Die
Kritiker, die sich mit ihm auseinandersetzen, können nicht
umhin, sich ebenfalls zu wiederholen – was ich bald tun
werde.

Sein neues Buch, der kleine Roman *Ohne einander*[1], beginnt mit der Redaktionskonferenz eines Münchener Magazins, einer Mischung, wie wir erfahren, aus *Spiegel*,
Stern und *Titanic*. Redakteure, Kritiker, Reporter, Verleger
– was sind denn das für Menschen? Das weiß doch jeder:
Es sind eitle, geschwätzige, lächerliche und, versteht sich,
größenwahnsinnige Kreaturen. So werden sie in der Lite-

ratur seit Balzac gezeigt und verhöhnt, und das kann heutzutage jeder mehr oder weniger mittelmäßige Schriftsteller, da bieten sich die Klischees von selber an, und alles
läuft wie am Schnürchen. Auch Walser kann es, nur macht
er es doch besser, witziger und pfiffiger als andere deutsche
Satiriker, aber auch er verpönt nicht die üblichen Klischees
über diesen Berufsstand.

Indes dauert die heitere Konferenz nicht lange, und wir
sind – wenn auch zunächst nur in den Gedanken einer unruhig meditierenden Person – in einer Villa am See, in
einer Familie, an deren Spitze ein Schriftsteller steht. Da
fühlen wir uns, wir alten Walser-Leser, wie zu Hause: Dieses schöne Grundstück am Bodensee mit dem ganzen
Drum und Dran kennen und lieben wir längst. Halt, um
Gottes willen, hier kann mir wieder ein Malheur passieren wie neulich, als ich eine Sammlung gebrauchter
Damenhöschen in einem schlechten Roman einer falschen
Person zugeordnet habe.[2] Diesmal ist es nämlich nicht der
Bodensee, sondern der Starnberger See; doch sehe ich
überhaupt keinen Unterschied. Und die Stadt, in der sich
jene Redaktion befindet, wird zwar »München« genannt,
könnte aber auch Hamburg sein oder Zürich. Denn Lokalkolorit gibt es in *Ohne einander* ebensowenig wie in der
Epik des jungen Walser.

Wie ist es um die Figuren in diesem Roman bestellt? Vor
genau dreißig Jahren schrieb ich, Walser sei in der *Halbzeit* das Kunststück gelungen, sich als Menschenkenner zu
bewähren, ohne auch nur eine einzige deutlich werdende,
also vorstellbare Figur zu schaffen: Denn er habe einen
scharfen Blick, doch in der Regel nicht für Charaktere,

vielmehr für einzelne Charakterzüge. Die *Halbzeit* sei daher eine »menschliche Komödie ohne Menschen«.[3] Leider gilt dies für das neue Buch ebenfalls. Da werden uns viele Namen angeboten, nur lassen sich die dazu gehörenden Personen schwer ausmachen. Doch soll man die Flinte nicht gleich ins Korn werfen.

Also los: Ellen, rund fünfzig Jahre alt, ist Journalistin, aber offensichtlich gescheitert, denn sie leidet an furchtbaren Schreibhemmungen, zu deren Überwindung sie einen Psychiater bräuchte. Ihr Sohn Alf, 27 Jahre alt, verweilt schon seit längerer Zeit »bewegungslos im bewegungslosen Schaukelstuhl« und starrt unentwegt auf die Balkendecke in der Halle seines Elternhauses. Er wollte Cellist werden, aber er ist gescheitert und hätte einen Psychiater nötig. Seine jüngere Schwester Sylvi wollte Pianistin werden, aber ist – und nicht nur als Musikerin – gescheitert und jetzt auf das Surfen fixiert: Sie wird, wenn ihr die Weltmeisterschaft nicht glücken sollte, ohne Psychiater nicht auskommen. Der Vater dieser beiden, Ellens Gatte, heißt Sylvio, ist das Oberhaupt der Familie und leider ein Alkoholiker: Er hat »so gut wie kein Gedächtnis mehr«, weshalb er immer ein laufendes Tonbandgerät mit sich trägt. Er schreibt Romane, wenn auch schlechte. Kurz: Ein gescheiterter Schriftsteller, der dringend einen Psychiater braucht.

Damit hätten wir die Familie, doch hören wir noch von anderen Personen. Arthur, der Sohn der Nachbarn, wollte Trompeter werden, ist aber bei der Prüfung durchgefallen: Ein gescheiterter junger Mann, der geradezu manisch die Trompete bläst und ohne Psychiater kaum zu beruhigen sein wird. Der Verleger jenes erfolgreichen Münchener Magazins – der ist doch wohl nicht gescheitert? O doch: Wir haben es abermals mit einem Alkoholiker zu tun, dem es, obwohl er angeblich sogar in tibetanischen Klöstern Hilfe suchte, nicht gelungen ist, vom Whisky loszukommen. Dann gibt es einen Mann, der zwar nie im Schuldienst war, aber »der Studienrat« genannt wird – und schon wissen wir Bescheid, daß es sich um einen verschrobenen läppischen Menschen handelt. Was haben übrigens die Studienräte unseren Schriftstellern angetan, daß sie sich immer wieder an ihnen lustvoll rächen? Und wie macht denn ein Romancier eine Figur lächerlich? Nun denn: Er versieht sie mit kurzen Beinen, einem langen Oberkörper, einem riesigen Kopf, einem schleichenden Gang und auch noch mit einem Bart, den unser lieber Walser, da ihm nichts anderes eingefallen ist, schlicht »komisch« nennt. Dieser »Studienrat«, der auch noch an einer Schuppenflechte leidet, haßt sich selber, doch alle seine Scheußlichkeiten kommen ihm, »verglichen mit einem einzigen falschen Konjunktiv«, wie nichts vor. Die Ausmerzung der falschen Konjunktive – glaubt er – werde Deutschland erlösen. Muß ich noch sagen, daß auch er scheitern werde und schon jetzt einen Psychiater brauche?

Nur sollte man nicht annehmen, diese Gestalten seien mißraten. Es ist viel schlimmer, und Walser sagt es selber. Seine Ellen meint, die Hauptfigur im Roman ihres Mannes habe mehrere Vorbilder und sei daher eine »Synthetikfigur«. Und an einer anderen Stelle: »Sylvio stimmte nicht überein mit sich. Es gab ihn doch überhaupt nicht.« Er sei

nur »ein Potpourri verschiedener Rollen«. So ist es: Wir
haben hier, ob sie nun hartnäckig schweigen oder beharrlich schwätzen, lauter Figuren, die es überhaupt
nicht gibt, bestenfalls eben »Synthetikfiguren«. Von dem
Roman ihres Mannes Sylvio hält diese Ellen nichts – und
gewiß zurecht. Frage: Warum läßt Walser seinen Sylvio
einen schlechten Roman schreiben, über den wir, die Leser des Buches *Ohne einander*, ziemlich genau informiert
werden und aus dem wir noch ganze Episoden lesen
müssen?

Das trifft im gewissen Sinne auch auf die Sprache des
Buches zu. Selten hat Walser mehr geplappert. Aber was
ist denn das – plappern? Hier ein Beispiel: »Kann ein
Mann etwas zum ersten Mal sagen? Eigentlich nicht.
Das wußte sie doch. Erstens sagen alle immer das gleiche, zweitens wiederholt jeder andauernd seinen Text.«
Daß Walser höchst anschaulich schreiben kann, wir wissen es zumindest seit den *Ehen in Philippsburg*. Doch
wenn er einen schlechten Tag hat, ist auch die Unan-
schaulichkeit seines Stils schwer zu überbieten: »Sylvios
Romane laufen immer am Leben entlang wie ein Hund
an einer Hecke. Dann und wann hebt er das Bein.« Das
Magazin, von dem hier oft geredet wird, liefere »Sprach-
asthma für Hohn«. Jemand erlebt in einem Café »die
bunten Damen am Nebentisch als Feuerzeuge des
Schicksals«. Man kann sich auch über Neoexpressionisti-
sches wundern: »Der Mond hängt in den Wolken wie
eine höheren Orts ausgespuckte Hostie.« Um neue
Worte ist Walser ebenfalls bemüht: »Er condomisierte
sich.« Das freilich ist nicht unbedingt nötig, denn

schließlich kann man »telephonanieren«. Vielleicht werden wir demnächst lesen müssen: Bevor er sein Haus verließ, mantelte er sich.

Natürlich wird Walser antworten, dies sei doch nicht seine Sprache, sondern die seiner Helden, die er zitiere oder denen er die Darstellung, die Ausdrucksweise gelegentlich anpassen wolle, um ihre Perspektive kenntlich zu machen. Gewiß hat er noch andere Erklärungen und Begründungen parat. Aber ich glaube ihm nicht ganz. »Ich habe so beschämende Ansichten« – sagte er neulich in einem Interview –, »dafür brauch' ich eben Romanfiguren.« Das nenn' ich mir ein ehrlich' Wort!

Für nicht gerade beschämende, doch immerhin törichte Ansichten, für bare Blödeleien, für nachlässige Formulierungen, für schiefe und verkrampfte Bilder – für all das braucht er, nein, mißbraucht er seine Helden oder Ich-Erzähler, hinter ihrem Rücken möchte er sich gar zu häufig verstecken, was immer man ihm vorzuwerfen versucht, er schiebt es ihnen in die Schuhe. Aber wir lassen uns nicht übers Ohr hauen, wir wissen schon: Es ist doch Martin Walser, dessen Stimme wir hier unentwegt hören.

Man soll ja Schriftsteller nicht beraten, denn manche haben die peinliche Angewohnheit, solche Ratschläge zu beherzigen – und dann haben wir die Katastrophe und sind noch an ihr mitschuldig. Dennoch: Wie wäre es, wenn Martin Walser die Güte hätte, im nächsten Roman sein Licht nicht unter den Scheffel zu stellen und uns sein (fabelhaftes) Sprachgefühl sowie seine (enorme) Intelligenz uneingeschränkt gönnte? Die Adjektiva in Klammern sind nicht ironisch gemeint. Sonderbar: Seit ich mich mit Walsers Büchern beschäftige, kann ich den Verdacht nicht loswerden, er schreibe immer ein wenig unter seinem Niveau.

Doch vorerst haben wir ihm für den Roman *Ohne einander* dankbar zu sein. Dankbar – wofür? Für haarscharfe Wahrnehmungen und überraschende Beobachtungen, für knappe und wunderbare Reflexionen. Denn auch dieser Roman lebt – wie einst die *Halbzeit* – von einer Fülle von Details und Winzigkeiten, von erstaunlichen Nuancen jeglicher Art. Da ist von der jungen, der einsamen Sylvi die Rede: »Ihretwegen hat noch nie einer mit ihr gesprochen. Außer Arthur. Aber auch Arthur erzählt vor allem von seiner Musik; schon so, daß Sylvi merkte, er meine nicht nur die Musik, sondern auch Sylvi. Dabei fummelte er so vorsichtig an ihr herum, daß sie sich vorkam, als solle sie ausgepackt werden und das Verpackungsmaterial sei wertvoller als das Verpackte.«

Und gleich noch ein Beispiel. Sylvio denkt über die Liebesaffären seiner Frau Ellen nach, mit der er seit bald dreißig Jahren verheiratet ist: »Daß Ellen dich verrät, ist nicht vorstellbar. Sie wird die Formeln abliefern, die der Herr verlangt. Das Mobilisieren und Aufsagen der Hingabeformeln ist so konventionell wie Händedruck und Winken. Und wenn Ellen dem den Begleittext sagt, wie sie ihn dir noch nie gesagt hat?! Sylvio glaubte daran, daß in jeder flüchtigen Partykonversation Unwahrscheinliches passieren konnte, nicht aber bei dem Geschlechtsverkehr. Dieses Außersichsein war ja die Garantie dafür, daß beide, je mehr sie außer sich waren, um so weniger sie selbst waren. Also konnte Ellen, je mehr sie außer sich war, ihn um so weniger verraten.« So kann in Deutschland nur einer schreiben.

Aber ob sie sich nun verraten oder nicht – Walsers Personen leiden alle an derselben Krankheit: an der Lebensangst. Da zeigt sich, wie bewußt altmodisch dieser Roman ist, genauer: wie entschieden Walser an seine Anfänge anknüpft. Die Vereinsamung und die Entfremdung des Individuums, die Beziehungslosigkeit, der Verschleiß der Seelen und, vor allem, die Kontaktlosigkeit – das waren die Vokabeln und bisweilen auch die Schlagworte, mit denen man damals, in den fünfziger Jahren, die neuen Romane charakterisierte, zumal jene von Koeppen, Böll und Nossack. Auch die *Halbzeit*, etwas später erschienen, gehört zu diesen epischen Studien über Menschen, die sich fremd sind oder werden, die nicht miteinander leben können, sondern nur noch nebeneinander her.

Und das Buch, das schon mit seinem Titel *Ohne einander* auf sein zentrales Thema verweist? Wenn es trotz aller Bedenken noch eine Klage über die Beziehungslosigkeit der Menschen in unseren neunziger Jahren geworden ist, so vor allem dank einer Figur, von der bisher noch nicht die Rede war. Nur einer auf Walsers neuer Bühne ist nicht gescheitert: Ernest, der erfolgreichste unter den Erfolgreichen, der elf Fabriken in sieben Ländern besitzt und sechs Ehrendoktorate erhalten hat, der die Tüchtigkeit verkörpert und die Selbstzufriedenheit, aber auch die Skrupellosigkeit. Sein einziges Ziel sei es, die Welt durch Leistung dazu zu zwingen, daß sie ihn bestätige. Dieser Jaguar- und Maserati-Fahrer, dieser »Naturmensch« und »Körperfetischist«, der uns mehr als einmal erklärt, das Wasser sei sein Element, er müsse täglich schwimmen – »Er ist nie krank, aber andauernd in Behandlung« –, dieser Glückliche, er glaubt, es werde ihm gelingen, das Leben zu betrügen: Er verheimlicht sein Alter, dies, hofft er, werde ihn retten. Er ist lächerlich. Nur haben wir keine Lust, über ihn, den Fünfundsechzigjährigen, zu lachen. Warum? Vielleicht deshalb, weil die Angst vor der Vergänglichkeit, vor dem Tod niemals komisch ist. Ich habe mich auch nie über den traurigen Helden eines der berühmtesten Lustspiele der Weltliteratur amüsieren können: über Molieres Argan, der sich einbildet, schwer krank zu sein.

Der provozierend selbstsichere Ernest lernt in Walsers Roman beides auf einmal kennen: das Glück und das Unglück, die Liebe und den Tod. Er verliebt sich in die junge Sylvi, er sagt ihr: »Ich weiß, was in Ihnen jetzt vorgeht. Ich war auch schon in ihrer Position. Wer weniger liebt, ist überlegen. Nicht zu lieben gibt Macht. Diese Macht haben Sie jetzt über mich. Weil ich Sie liebe und Sie mich nicht.« So verneigt sich Martin Walser vor dem Großen, über den er schon oft gelästert hat und den er insgeheim bewundert. In Thomas Manns *Tonio Kröger* heißt es: »Wer am meisten liebt, ist der Unterlegene und muß leiden.« Schon möglich, daß Walser seinen wichtigtuerischen Unternehmer ursprünglich nur verspotten wollte. Aber die Figur hat, eine gewisse Selbstständigkeit erlangend, dem Autor einen Strich durch die Rechnung gemacht und ihn gezwungen, sie zu bemitleiden. Und da folgen wir ohne Widerspruch.

Ach, es ist schon ein Kreuz mit diesem Martin Walser. Aber welch ein Glück, daß wir ihn haben.

1993

NACHWORT

Thoas, der König der Taurier, belehrt in Goethes »Iphigenie« seine edle, doch etwas eigensinnige Gesprächspartnerin: »Man spricht vergebens viel, um zu versagen; / Der andre hört von allem nur das Nein.« Auf dieses oft zitierte Wort beruft man sich auch in literarischen Kreisen. Dann aber lautet es: »Man spricht vergebens viel, um zu verreißen …« In der Tat zeigt es sich immer wieder, daß die Kritiker, die sich menschenfreundlich bemühen, die bittere Pille des Tadels ein wenig zu versüßen, den betroffenen Autor nicht beschwichtigen können: Er führt alle Beanstandungen auf die Gemeinheit und Dummheit des Rezensenten zurück, wenn nicht auf dessen Bösartigkeit oder gar Sadismus. Und die anerkennenden, die rühmenden Äußerungen? Die habe er, erklärt der Autor ungeniert, doch verdient, es sei selbstverständlich, daß seine guten Leistungen entsprechend gelobt würden.

Was geht das uns an, uns Kritiker? Nicht für die Schriftsteller schreiben wir, nicht für die Erzähler oder Lyriker, sondern für die Leser. Schon wahr, aber so einfach ist das wieder nicht. Die Autoren und die Kritiker – sie leben von und für die Literatur. Sie sitzen im selben Boot. Sie ziehen denselben Wagen, wenn auch mitunter in verschiedenen Richtungen. Architekten und Apotheker, Maler und Mediziner, Kaufleute und Komponisten – sie alle sind uns als Leser unserer Arbeiten hochwillkommen. Aber wer versteht von Dichtung mehr als die Schriftsteller?

Sicher ist: Sie sind befangen. In vielen Fällen haben sie keinen Sinn für die schreibenden Zeitgenossen, die einen anderen künstlerischen Weg gehen als sie selber. Gern befürworten sie wackere, doch eher unbedeutende Autoren, solche also, die als ihre Konkurrenten nicht in Betracht kommen. Vor allem aber: In der Regel beschäftigen sie sich intensiv und leidenschaftlich mit ihren eigenen Werken und nur flüchtig (wenn überhaupt) mit den Büchern ihrer Kollegen. Dennoch drängt sich noch einmal die Frage auf: Wer ist empfänglicher für die Nuancen eines literarischen Texts als sie, die Schriftsteller? Und wer hat einfühlsamer und einsichtiger über Literatur geschrieben als Martin Walser?

In seinem neuen Buch, *Vormittag eines Schriftstellers*[1], finde ich nicht wenige überaus schlichte Bemerkungen, die ins Schwarze treffen. Da heißt es: »Die Sätze, die ich lese, leben davon, daß sie in mir beantwortet werden. Beantwortet durch Erfahrungen, die von diesen gelesenen Sätzen geweckt, mobilisiert, bewußt gemacht werden.«[2] In einem anderen Essay formuliert er einen ähnlichen Gedanken auf ganz andere Weise, doch nicht weniger überzeugend: »Wir schaffen doch, was wir lesen ... Wenn im Buch Schmerz und Angst vorkommen, blieben Schmerz und Angst Papier, wenn wir sie nicht mit unserer Schmerz- und Angsterfahrung zum Leben erweckten ... Die Begegnung mit Raskolnikow wird zur Selbstbegegnung ... Im Buch haben wir ein Gegenüber, das zwar von außen stammt, aber doch nur durch uns existiert.«[3]

Allerdings läßt sich Walser gelegentlich hinreißen, er geht zu weit – vielleicht um zu erkunden, wie weit man gehen kann. Er übertreibt. Das hat er mit den meisten Essayisten, vielleicht sogar mit den meisten Schriftstellern gemein. Und das ist gut so: Wer nicht übertreiben will, wer nicht überspitzen kann, der sollte lieber das Schreiben aufgeben. Doch auch den Übertreibern darf und sollte man bisweilen widersprechen. So erklärt Walser: »Wichtiger als das, was man liest, ist ja das, was mit einem, wenn man liest, passiert. Die Folgen. Die Wirkung. Man sollte überhaupt nicht über Bücher, sondern nur über ihre Wirkung sprechen.«[4]

Gewiß, die Folgen sind schon höchst wichtig. Aber sollte man deshalb aufhören, über Bücher zu sprechen? Darf man sagen, nur auf die Wirkung komme es an und nicht auf das Werk, das sie nach sich zieht? Es bleibt doch oft die Wirkung trotz der Bedeutung des Werks gering, weil der Leser ihm nicht gewachsen ist. Ein Roman von Kafka und die Folgen, die er im lesenden Individuum auslöst – sind das denn überhaupt vergleichbare Größen?

Nein, das alles meint Walser zwar sehr ernst, aber wohl doch nicht so wörtlich. Häufig zwingt er uns, ihm zu widersprechen – und das macht ihm offensichtlich Spaß. Wie soll man denn ohne Widerspruch seine Behauptung hinnehmen, die Ausdrucksfähigkeit sei »geradezu mathematisch streng eine Funktion der Leidensfähigkeit«.[5] Das ist eine kühne, eine geradezu aparte These. Aber ich halte sie für falsch, ja für beinahe indiskutabel. Denn es gibt viele Menschen, Frauen zumal, zu deren hervorstechendsten Eigenschaften eben die Leidensfähigkeit gehört. Nur ist es ihnen meist nicht gegeben, diese Leiden auszudrücken.

Vielleicht ist die Lektüre seiner Essays so reizvoll und

anregend, so verführerisch und so amüsant, weil Walser, mit welchen Themen er sich auch beschäftigen mag, kein Risiko fürchtet: Er liebt das Spiel mit Gedanken und Formulierungen, mit Einfällen aller Art – wenn sie nicht abgesichert sind. Es bereitet ihm Vergnügen, sich immer wieder auszusetzen – der Kritik seiner Gegner und dem Spott seiner Neider, der Dummheit seiner Feinde und den Angriffen seiner Konkurrenten. Was immer er schreibt – er arbeitet ohne Netz. Daß er einer der gescheitesten deutschen Schriftsteller nach 1945 ist, wurde schon oft gesagt. Aber man sollte hinzufügen: Er ist auch einer der mutigsten.

Man hat ihn einen Chronisten der Bundesrepublik genannt. Das ist nicht ganz richtig: Um ein Chronist zu sein, hat er zuviel Temperament und zuwenig Geduld. Gleichwohl ist der Zeitgeist in seinen Arbeiten unverkennbar, er ist stets gegenwärtig. Aber Walser hat keine Moden mitgemacht und wohl auch keine Moden geschaffen. Doch hat er, auf unsere Epoche punktuell reagierend, den Zeitgeist wie kaum ein anderer mitgeprägt. Als die Vereinigung der beiden deutschen Staaten noch nicht in Sicht war, als niemand, auch nicht der Schreiber dieser Zeilen, an sie glaubte oder sie sich vorstellen konnte, da hat Martin Walser unermüdlich von ihr gesprochen und geschrieben, er hat sie angestrebt, er hat mit allen ihm zur Verfügung stehenden Mitteln auf sie hingearbeitet. Das sollte man nie vergessen.

Zur Qualität seiner Prosa, zumal der essayistischen, trägt noch ein Umstand ganz anderer Art bei. Befragt nach seiner Arbeitsweise, gab Alfred Döblin – es war 1928 – die erstaunliche Antwort: »Ich schreibe rasch und glatt. Zögern bedeutet eine Hemmung. Schwäche der Eingebung, nicht volle Hingegebenheit ... Vieles korrigiere ich gar nicht, weil ich festgestellt habe: der erste Fluß war schon gut.«[6] Sollte dies auch für Walser gelten?

In der Tat schreibt er nicht nur schön und geistreich, sondern bisweilen – so will es jedenfalls scheinen – auch sorglos, ja sogar nachlässig. In einem der Essays seines Bandes *Vormittag eines Schriftstellers* ist mir ein interessanter Satz aufgefallen: »Was ich lesend erlebe bei Gogol, Dostojewski, Flaubert und Robert Walser, ist nicht die Bedeutung des Textes und nicht dessen Sinn; mich erlebe ich als jemanden, der vom Text nicht per Bedeutung, sondern sozusagen materiell bewegt wird.«[7]

Was heißt das denn – sich erleben als jemanden, der vom Text nicht per Bedeutung, sondern sozusagen materiell bewegt wird? Ich kann es mir, zur Not, denken, ich ahne es. Aber ich verstehe es nicht. Vom Text materiell bewegt – das ist schlecht ausgedrückt. Walser wird es schon wissen, doch statt sich um eine genauere, eine verständlichere, kurz um eine bessere Formulierung zu bemühen, fügt er bloß ein unschönes Wort ein, das, glaube ich, auf sein in dieser Sache schlechtes Gewissen zurückzuführen ist – das Wort »sozusagen«.

Nichts liegt mir ferner, als Walser am Zeug zu flicken. Ob der zitierte Satz mehr oder weniger gelungen ist, darauf kommt es nicht an. Aber er ist typisch für jene Eigenart seines Stils, die sich als Unart auswirken kann, doch häufiger noch als nicht alltägliche Qualität. Denn was zuweilen nachlässig anmutet, zeugt oft von Unmittelbarkeit und Frische. Mehr noch: von Spontaneität und Souveränität. Walser erweckt den Eindruck, als könne er schreiben, wie ihm der Schnabel gewachsen ist. Das ist ungewöhlich, das hat geradezu Seltenheitswert. Ob dies mit der Nähe zum Dialekt zu tun hat?

Wie auch immer: Die Sprache ist es, die den Schriftsteller Walser, ob er uns ein besseres oder ein schlechteres Buch beschert, so vertrauenswürdig macht. Die Anschaulichkeit des Ausdrucks wird selbst dann, wenn er seinen Kritikern antwortet – und das ist immer ein heikles Unterfangen – nicht beeinträchtigt. Nichts ist verständlicher als das Bedürfnis vieler Autoren, dem Kritiker heimzuzahlen. Günter Grass tut es eher selten (wenn ihm der Kragen platzt), Siegfried Lenz niemals (das Leiden an der Kritik macht er mit sich selber aus), Martin Walser immer wieder – und das hängt wohl mit seinem (übrigens höchst sympathischen) Temperament zusammen. Es hindert ihn, die Hiebe der Kritik schweigend hinzunehmen.

Ich kann mich nicht beklagen: Auf meine Äußerungen über seine Bücher reagiert er mit großer Regelmäßigkeit. Ich werde mich hüten, Walsers Erwiderungen nun meinerseits zu kommentieren. Nur soviel: Er hat mich oft amüsiert, mitunter betrübt, nie verletzt und gelegentlich verblüfft. Warum verblüfft? Ich will ein Beispiel geben, ein besonders charakteristisches.

Er habe die Erfahrung gemacht, sagte Walser in einem Interview, »daß jeder Leser sein Buch liest und nicht mein Buch. Jeder Leser schreibt sein Buch beim Lesen.«[8] Das Aperçu läßt sich auf Kritiken anwenden: Auch sie werden oft mißverstanden, jedenfalls anders aufgefaßt, als sie gemeint waren, manche Leser finden in ihnen ebendas, was

sie erwartet haben – und manche Autoren ebenfalls. Natürlich muß jeder, der über Bücher schreibt, damit rechnen; immerhin kann er dem in Grenzen entgegenwirken –
indem er hartnäckig maximale Klarheit anstrebt und sich
bisweilen an den Wunsch des Mephisto hält:»Du mußt es
dreimal sagen.«

Walser Roman *Ohne einander* habe ich, wie in diesem
Band nachzulesen ist, skeptisch gesehen, dies und jenes
glaubte ich beanstanden zu müssen. Aber in dem Buch
schien mir auch vieles gut, ja sehr gut. Das Positive, das war
sicher, durfte in meiner Kritik auf keinen Fall zu knapp geraten. Er sei, hieß es da, einer der intelligentesten Essayisten, der scharfsinnigsten Bürger und der originellsten
Intellektuellen weit und breit. Ich zitierte einige schöne
Passagen des Romans und erklärte mit aller Entschiedenheit:»So kann in Deutschland nur einer schreiben.«

Daß Walser meine Einwände, sogar die schüchternsten
und vorsichtigsten, für überflüssig, wenn nicht empörend
hielt, versteht sich von selbst. Aber er verkündete auch,
diese Mischung aus Lob und Tadel sei ihm bestens bekannt:»Das ist die Technik des Westerns: Die prügeln einander, dann geht der eine zu Boden und wird mit Wasser
überschüttet, daß er noch eine Runde durchstehen kann.
So schüttet Reich-Ranicki immer wieder Kübel Wasser.
Denn wenn er einen wegwischen würde ..., dann hätte er ja
beim nächsten Mal kein Opfer mehr. Das ist auch eine Art
Katzeninstinkt den Mäusen gegenüber ...«[9]

Das mag scherzhaft klingen, gleichwohl ist es mit
Sicherheit ernst gemeint. Glaubt Walser wirklich, ich
möchte ihn»wegwischen«, also vernichten – und tue es nur

deshalb nicht, weil ich weiterhin ein Opfer brauche? Ich gebe zu, ich kann es nicht fassen. Daß einer, der sich, wie Walser, für alles, was er tut, voll und ganz engagiert, auch auf die geringsten Beanstandungen heftig und gereizt reagiert – wen könnte dies wundern? Wer vom Schriststeller gesteigerte Empfindlichkeit erwartet, der muß in Kauf nehmen, daß dessen Empfindlichkeit der Kritik gegenüber ebenfalls ungewöhnlich ist. Aber daß ein Autor, der meint, ein Kritiker behandle ihn ungerecht oder gar gemein, sich in der Rolle der Maus sieht, die von der Katze verfolgt wird, daß er glaubt, der Kritiker wolle ihn vernichten und tue es nur deshalb nicht, weil er weiterhin ein Opfer braucht – das habe ich resigniert zur Kenntnis genommen.

Im selben Boot sitzend, haben wir, die Schriftsteller und die Kritiker, das gleiche im Sinn – die Literatur. Doch sind es offenbar sehr unterschiedliche Gedanken, von denen sich die einen und die anderen bewegen und irritieren lassen. Die Antwort auf die Frage, wer von der Literatur mehr verstehe als die Schriftsteller, kann, ja muß sogar lauten: niemand. Und doch fehlt ihnen jene Distanz, die nötig ist, um Literatur zu beurteilen. Dies hat Friedrich Schlegel gemeint, als er schrieb, Goethe sei zu sehr Dichter, um Kunstkenner zu sein.

Aber unter Martin Walsers Reaktionen auf meine Kritiken seiner Bücher habe ich zugleich (auch in einem Interview) eine ganz andere Äußerung gefunden: »Reich-Ranicki kann sagen, was er will, er ist immer hilfreich. Verreißt er ein Buch, kaufen's die Leute erst recht. Lobt er's, kaufen sie's trotzdem. So sind wir zum Glück eine blühende Symbiose.«[10] Das ist bare Ironie, natürlich. Dennoch haben mich diese Sätze gerührt. In ihnen ist, bilde mir im stillen ein, vielleicht doch ein Körnchen Wahrheit verborgen.

Frankfurt am Main,   Marcel Reich-Ranicki
im August 1994

ANHANG

Nachweise und Anmerkungen

DER WACKERE PROVOKATEUR

Zuerst in: Marcel Reich-Ranicki, *Deutsche Literatur in West und Ost*. Prosa seit 1945. R. Piper & Co. Verlag, München 1963, S. 200–215.

1 Martin Walser: *Ein Flugzeug über dem Haus und andere Geschichten*. Suhrkamp Verlag, Frankfurt/M. 1955.

2 Martin Walser: *Ehen in Philippsburg*. Roman. Suhrkamp Verlag, Frankfurt/M. 1957.

3 Martin Walser: *Halbzeit*. Roman. Suhrkamp Verlag, Frankfurt/M. 1960.

4 *Frankfurter Allgemeine Zeitung* vom 4. Juli 1957.

5 *Süddeutsche Zeitung* vom 12. Dezember 1957.

6 Horst Bienek: *Werkstattgespräche mit Schriftstellern*, Hanser Verlag, München 1962, S. 195.

7 *Frankfurter Allgemeine Zeitung* vom 3. Dezember 1960.

8 *Deutsche Zeitung* vom 24. September 1960.

9 Bienek, a. a. O., S. 198.

10 H. M. Enzensberger: *Einzelheiten*, Suhrkamp Verlag, Frankfurt/M. 1962, S. 243.

11 Ebenda, S. 241.

12 Vgl. Günter Blöcker: *Kritisches Lesebuch*, Hamburg 1962, S. 187 ff.

13 Vgl. Anm. 4.

EIN EHRENVOLLER RÜCKZUG

Zuerst in: *Die Zeit* vom 18. September 1964.

1 Heinrich Böll: *Entfernung von der Truppe.* Erzählung. Verlag Kiepenheuer & Witsch, Köln 1964.

2 Martin Walser: *Lügengeschichten.* Suhrkamp Verlag, Frankfurt/M. 1964.

3 Franz Lennartz: *Deutsche Dichter und Schriftsteller unserer Zeit.* Alfred Kröner Verlag, Stuttgart. Neunte Auflage 1963.

4 Walsers Essay *Freiübungen* wurde zunächst als Einführung zu dem Buch *Vorzeichen 2 – Neun deutsche Autoren*, Frankfurt/M. 1963, veröffentlicht. Nachdruck in: M. W.: *Erfahrungen und Leseerfahrungen*, Frankfurt/M. 1965, S. 94–110. Ebendort (S. 59–65) ist auch der zunächst 1962 in der *Zeit* gedruckte Aufsatz *Vom erwarteten Theater* enthalten.

KEINE WÖRTER FÜR LIEBE

Zuerst in: *Die Zeit* vom 2. September 1966.

1 Vgl. Martin Walser: *Erfahrungen und Leseerfahrungen.* edition suhrkamp 109. Suhrkamp Verlag, Frankfurt/M. 1965, S. 98.

2 Martin Walser: *Das Einhorn.* Roman. Suhrkamp Verlag, Frankfurt/M., 1966.

3 Der Aufsatz hat eine Diskussion ausgelöst, an der Rudolf Walter Leonhardt (*Die Zeit* vom 9. September 1966) und Uwe Nettelbeck (*Die Zeit* vom 16. September 1966) teilnahmen.

WAR ES EIN MORD?

Zuerst in: *Die Zeit* vom 15. Dezember 1967; ein Abschnitt, der sich mit den Leistungen der Schauspieler und des Regisseurs der Münchener Uraufführung befaßt, wurde hier weggelassen.

1 Martin Walser: *Der Abstecher/Die Zimmerschlacht.* edition suhrkamp 205. Suhrkamp Verlag, Frankfurt/M. 1967.

2 Walsers programmatische Äußerungen sind seinem Essay *Theater als Seelenbadeanstalten* in der *Zeit* vom 29. September 1967 entnommen, der sich unter dem Titel *Ein weiterer Tagtraum vom Theater* findet in: M. W., Heimatkunde, Aufsätze und Reden. edition suhrkamp 269. Suhrkamp Verlag, Frankfurt/M. 1968, S. 71–85.

SEIN TIEFPUNKT

Zuerst in: *Frankfurter Allgemeine Zeitung* vom 27. März 1976.

1 Martin Walser: *Jenseits der Liebe.* Roman. Suhrkamp Verlag, Frankfurt/M. 1966.

SEIN GLANZSTÜCK

Mit diesem in der *Frankfurter Allgemeinen Zeitung* vom 24. Januar 1978 veröffentlichten Artikel wurde der Vorabdruck der Novelle *Ein fliehendes Pferd* von Martin Walser in der *F. A. Z.* eingeleitet.

1 *Merkur,* Heft 5 (1976), S. 483.
2 Martin Walser: *Ein fliehendes Pferd.* Novelle. Suhrkamp Verlag, Frankfurt/M. 1978.
3 Moritz Heimann: *Die Wahrheit liegt nicht in der Mitte.* Essays. Mit einem Nachwort von Wilhelm Lehmann. S. Fischer Verlag, Frankfurt/M. 1966, S. 119.

SEINE RÜCKKEHR ZU SICH SELBST

Zuerst in: *Frankfurter Allgemeine Zeitung* vom 4. März 1978.

1 *»Süddeutsche Zeitung«* vom 19. März 1970.
2 Das Zitat stammt aus Sieburgs Kritik der *Halbzeit* in der *Frankfurter Allgemeinen Zeitung* vom 3. Dezember 1960.
3 Marcel Reich-Ranicki: *Deutsche Literatur in West und Ost.* Prosa seit 1945. R. Piper & Co. Verlag, München 1963, S. 215.

DAS ANATOMISCHE WUNDER

Laudatio aus Anlaß der Verleihung der Heine-Plakette. Zuerst in: *Frankfurter Allgemeine Zeitung* vom 28. März 1981.

1 Vgl. Thomas Mann: *Briefwechsel mit seinem Verleger Gottfried Bermann Fischer 1932–1955.* Herausgegeben von Peter de Mendelssohn. S. Fischer Verlag, Frankfurt/M. 1973, S. 100, 255 und 296.

2 Martin Walser: *Wer ist ein Schriftsteller?* Aufsätze und Reden. edition suhrkamp 959. Suhrkamp Verlag, Frankfurt/M. 1979, S. 102.

3 Zitiert nach Martin Walser: *Erfahrungen und Leseerfahrungen.* edition suhrkamp 109. Suhrkamp Verlag, Frankfurt/M. 1965. S. 153.

4 Martin Walser: *Wie und wovon handelt Literatur.* Aufsätze und Reden. edition suhrkamp 642. Suhrkamp Verlag, Frankfurt/M. 1973, S. 37 f.

5 Martin Walser: *Erfahrungen und Leseerfahrungen,* S. 98.

6 Martin Walser: *Wer ist ein Schriftsteller?* S. 19.

7 Zitiert nach Martin Walser: *Wer ist ein Schriftsteller?* S. 75.

8 Ebenda S. 43.

9 *Neue Rundschau* 1981, Heft 1, S. 53 f.

10 Heinrich Heine: *Sämtliche Schriften.* Carl Hanser Verlag, München 1968 ff. Band 3, S. 440 f. und 442.

VOM STAMME JENER, WELCHE LIEBEN, WENN SIE SCHREIBEN

Zuerst in: *Frankfurter Allgemeine Zeitung* vom 11. Oktober 1983.

1 Martin Walser: *Liebeserklärungen.* Suhrkamp Verlag, Frankfurt/M. 1983. S. 9.

2 Thomas Mann: *Briefe 1937–1947.* Herausgegeben von Erika Mann. S. Fischer Verlag, Frankfurt/M. 1963. S. 139.

3 Bertolt Brecht: *Werke.* XXIII/67.

4 Zitiert in: Martin Walser, *Liebeserklärungen*. A. a. O. S. 123.

5 Martin Walser: *Liebeserklärungen*. A. a. O. S. 128.

6 Ebenda S. 149.

7 Ebenda S. 152.

8 Ebenda S. 45.

9 Ebenda S. 48.

10 Ebenda S. 96.

11 Ebenda S. 117.

12 Ebenda S. 117f.

13 Ebenda S. 220.

14 Ebenda.

15 Ebenda S. 224.

16 Ebenda S. 216f.

17 Ebenda S. 99.

18 Ebenda S. 175 und 178.

19 Ebenda S. 183.

20 Ebenda S. 204.

21 Ebenda S. 192.

22 Thomas Mann: *Gesammelte Werke*. Herausgegeben von Hans Bürgin und Peter de Mendelssohn. Band XIII. S. Fischer Verlag, Frankfurt/M. 1974, S. 123.

23 Ebenda S. 240f. und 243.

24 Ebenda S. 242, 246 und 252f.

25 Ebenda S. 257ff.

26 »Alles Schöne ist schief«, heißt es in dem Gedicht »Ja« in: Günter Grass, *Ausgefragt*, Gedichte und Zeichnungen. Luchterhand Verlag, Neuwied und Berlin 1967, S. 14.

27 Ebenda S. 29.

WER WENIGER LIEBT, IST ÜBERLEGEN

Zuerst in: *Frankfurter Allgemeine Zeitung* vom 31. Juli 1993.
1 Martin Walser: *Ohne einander.* Roman. Suhrkamp Verlag, Frankfurt/M. 1993.
2 Vgl. Marcel Reich-Ranickis Rezension des Romans *Das Napoleon-Spiel* von Christoph Hein. In: *Frankfurter Allgemeine Zeitung* vom 10. April 1993.
3 Marcel Reich-Ranicki: *Deutsche Literatur in West und Ost.* A. a. O. S. 208–215. In unserem Buch S. 25.

NACHWORT

Bisher ungedruckt.
1 Martin Walser: *Vormittag eines Schriftstellers.* Suhrkamp Verlag, Frankfurt/M. 1994.
2 Ebenda S. 166.
3 Ebenda S. 56.
4 Ebenda S. 51.
5 Ebenda S. 40.
6 Alfred Döblin: *Schriften zu Leben und Werk (Ausgewählte Werke in Einzelbänden.* In Verbindung mit den Söhnen des Dichters herausgegeben von Anthony W. Riley.) Walter Verlag, Olten und Freiburg/Br. 1986, S. 179.
7 Martin Walser: *Vormittag eines Schriftstellers.* A. a. O. S. 190.
8 *Wer lädt schon einen Skinhead ein …* Gespräch mit Martin Walser in: *Stern* Nr. 31/93, S. 107–111.

9 *Die Lust an der Verdächtigung.* Gespräch mit Martin
  Walser. In: *Kölner Stadt-Anzeiger* vom 23./24. Oktober
  1993.
10 *Wer lädt schon einen Skinhead ein ...* A. a. O.

Zu den Fotografien

Das Umschlagbild zeigt Martin Walser 1984, das Fronti-
spiz 1986.
Zum Fototeil: Seite 1 entstand 1979; Seite 2: zeigt M. W.
zusammen mit Elio Fröhlich, Ludwig Hohl und Adolf
Muschg bei der Robert-Walser-Feier in Zürich im März
1978, M. W. hielt die Laudatio auf Ludwig Hohl, den Trä-
ger des Robert-Walser-Zentenarpreises: »Über den Uner-
bittlichkeitsstil«; Seite 3: M. W. 1978 bei einer Lesung im
»Theater in der Leopoldstraße«, München; Seite 4: M. W.
1978 zusammen mit Wolfgang Bächler.

Zeittafel

1927   Geboren in Wasserburg/Bodensee, am 24. März
1938–43   Oberschule in Lindau
1944–45   Arbeitsdienst, Militär
1946   Abitur
1946–48   Studium an der Theologisch-Philosophischen Hochschule Regensburg, Studentenbühne
1948–51   Studium an der Universität Tübingen (Literatur, Geschichte, Philosophie)
1951   Promotion bei Prof. Friedrich Beißner mit einer Arbeit über Franz Kafka
1949–57   Mitarbeit beim Süddeutschen Rundfunk (Politik und Zeitgeschehen) und Fernsehen
           In dieser Zeit Reisen für Funk und Fernsehen nach Italien, Frankreich, England, CSSR und Polen
1955   *Ein Flugzeug über dem Haus und andere Geschichten.* Preis der »Gruppe 47« (für die Erzählung *Templones Ende*)
1957   *Ehen in Philippsburg.* Roman
           Hermann-Hesse-Preis (für den Roman *Ehen in Philippsburg*)
           Umzug von Stuttgart nach Friedrichshafen
1958   Drei Monate USA-Aufenthalt, Harvard-International-Seminar
1960   *Halbzeit.* Roman
1961   *Beschreibung einer Form* (Druck der Dissertation)

1962 *Eiche und Angora.* Eine deutsche Chronik
      Gerhart-Hauptmann-Preis
1964 *Überlebensgroß Herr Krott.* Requiem für einen
      Unsterblichen
      Lügengeschichten
      Der Schwarze Schwan (geschrieben 1961/64)
1965 *Erfahrungen und Leseerfahrungen.* Essays
      Schiller-Gedächtnis-Förderpreis des Landes
      Baden-Württemberg
1966 *Das Einhorn.* Roman
1967 *Der Abstecher* (geschrieben 1961)
      Die Zimmerschlacht (geschrieben 1962/63 und
      1967)
      Bodensee-Literaturpreis der Stadt Überlingen
1968 *Heimatkunde.* Aufsätze und Reden
      Umzug nach Nußdorf
1970 *Fiction*
      Ein Kinderspiel
1971 *Aus dem Wortschatz unserer Kämpfe.* Szenen
1972 *Die Gallistl'sche Krankheit.* Roman
1973 *Der Sturz.* Roman
      Wie und wovon handelt Literatur? Aufsätze und
      Reden
      Sechs Monate USA-Aufenthalt: Middlebury
      College (Vermont) und Universität von Texas,
      Austin
1975 *Das Sauspiel.* Szenen aus dem 16. Jahrhundert
      Zwei Monate in England: University of War-
      wick
1976 *Jenseits der Liebe.* Roman

Vier Monate USA-Aufenthalt: University of
West Virginia, Morgantown
1978   *Ein fliehendes Pferd.* Novelle
Ein Grund zur Freude. 99 Sprüche
Heimatlob. Ein Bodenseebuch mit Bildern von
André Ficus
1979   *Wer ist ein Schriftsteller?* Aufsätze und Reden
Seelenarbeit. Roman
Drei Monate USA-Aufenthalt: Dartmouth
College (New Hampshire)
1980   *Das Schwanenhaus.* Roman
Schiller-Gedächtnispreis des Landes Baden-
Württemberg
1981   *Selbstbewußtsein und Ironie.* Frankfurter Vor-
lesungen
Georg-Büchner-Preis
Heine-Plakette der Heinrich-Heine-Gesell-
schaft
1982   *In Goethes Hand.* Szenen aus dem 19. Jahr-
hundert
Brief an Lord Liszt. Roman
1983   *Gesammelte Geschichten*
Liebeserklärungen
Verleihung der Ehrendoktorwürde durch die
Universität Konstanz
Vier Monate USA-Aufenthalt: University of
California, Berkeley
1984   Ehrenbürger von Wasserburg
1985   *Meßmers Gedanken*
Brandung. Roman

Variationen eines Würgegriffs
Bericht über Trinidad und Tobago
1986   *Heilige Brocken.* Aufsätze, Prosa, Gedichte
Geständnis auf Raten
Die Ohrfeige
1987   *Dorle und Wolf.* Eine Novelle
Großes Bundesverdienstkreuz
1988   *Jagd.* Roman
Über Deutschland reden
1990   Carl-Zuckmayer-Medaille
Ricarda-Huch-Preis
Großer Literaturpreis der Bayrischen
Akademie der Schönen Künste
1991   *Tassilo.* Hörspiele
Die Verteidigung der Kindheit. Roman
Auskunft. 22 Gespräche aus 28 Jahren
1992   *Das Sofa.* Eine Farce, 1961
Literaturpreis der Stadt Bad Wurzach, Allgäu
1993   *Ohne einander.* Roman
1994   Grazer Literaturpreis
Verleihung der Ehrendoktorwürde durch die
Universität Dresden
Vormittag eines Schriftstellers

Über den Autor

Marcel Reich-Ranicki, geboren 1920 in Wloclawek an der Weichsel, ist in Berlin aufgewachsen. Er war von 1960 bis 1973 ständiger Literaturkritiker der Wochenzeitung *Die Zeit* und leitete von 1973 bis 1988 in der *Frankfurter Allgemeinen Zeitung* die Redaktion für Literatur und literarisches Leben. In den Jahren 1968/69 lehrte er an amerikanischen Universitäten, von 1971 bis 1975 war er ständiger Gastprofessor für Neue Deutsche Literatur an den Universitäten von Stockholm und Uppsala, seit 1974 ist er Honorarprofessor an der Universität Tübingen, in den Jahren 1991/92 bekleidete er die Heinrich-Heine-Gastprofessur an der Universität Düsseldorf.

Reich-Ranicki erhielt zahlreiche Auszeichnungen, unter anderem: die Ehrendoktorwürde der Universität Uppsala (1972), den Ricarda-Huch-Preis (1981), den Thomas-Mann-Preis (1987), den Bayerischen Fernsehpreis (1991), die Ehrendoktorwürde der Universität Augsburg (1992) und der Universität Bamberg (1992).

Zu seinen wichtigeren Veröffentlichungen gehören die Bücher: *Deutsche Literatur in West und Ost (1963/1983)*, *Über Ruhestörer. Juden in der deutschen Literatur (1973/ 1989)*, *Nachprüfung*, *Aufsätze über deutsche Schriftsteller von gestern (1977/1980/1990)*, *Thomas Mann und die Seinen (1987)*, *Max Frisch (1991)*, *Ohne Rabatt. Über Literatur aus der DDR (1991)*, *Der doppelte Boden (1992)* sowie *Die Anwälte der Literatur (1994)*.